文化における〈自然〉（新装版）

日独文化研究所シンポジウム

† 芦津丈夫
木村　敏
大橋良介・編

哲学と科学のあいだ

財団法人　日独文化研究所　創立50周年記念出版

日独文化研究所創立五十周年記念「公開シンポジウム」刊行によせて

財団法人日独文化研究所理事長・所長　岡本道雄

当、日独文化研究所は、わが国で最古の歴史を持つドイツ文化の研究所である。その前身であるドイツ文化研究所が設立されたのは、一九三三年である。この年に、東京ではなく、日本の伝統文化の中心である京都に設置された。それは、一つには当時の世界情勢の反映があるにせよ、二十世紀初頭にかけてのドイツ文化が、ヨーロッパ文化の中心、すなわち世界文化最高峰をなしていたこと、京都が日本文化の中心をなしていたことを物語るものであろう。

この研究所は敗戦とともに廃止されたが、その後、戦前ドイツで学んだ学者の要望が熟し、一九五六年に不死鳥のごとく再建され、本年で創立五十周年を迎えるに至っている。

戦後、世界は政治的にも経済的にも、アメリカが中心になって動いてきたが、近年は中国やインドの急速な近代化、大国化が目立ってきている。しかしながら、このような時代にこそ伝統的なヨーロッパ文化の精神、特にドイツの哲学を学ぶことは、意味あることと思われる。

本研究所はその年中事業として、従前から「ドイツ語講座」を行なってきたのであるが、二〇〇三年からは「哲学講座」も開講している。またこれらとは別に、一九九一年からは、ドイツ哲学をひとつの軸とする「公開シンポジウム」を開催してきた。

この公開シンポジウムとの関連で今日の世界情勢についてもう少し敷衍するなら、日独両国は九十年代に入ってから、戦後世界の大きな構図変化を受けて、それぞれ新たに政治的・経済的な役割を果たすことを国際社会から要請されるようになっている。すなわち旧西独と旧東独との統合を果したあとのドイツは、EU統合に向けて新たな役割が期待されていた。EU実現のあとは、グローバリズムという大波のなかでEUそのものの位置が問われ、その問いはいまも、EUの中心国の一つであるドイツに向けられている。他方の日本は、九十年代の初めには戦後の経済成長を終えてバブル経済に突入し、且つ破綻したが、国際政治や文化的寄与の面では巨大経済に対応する役割が求められるようになっていた。最近はバブル経済の破綻の後遺症も徐々に清算されつつあるが、政治においてはアメリカン・グローバリズムに加えて中国やインドの台頭も日本を左右する要素となりつつある。日本が国際政治と文化的寄与にどのような役割を果たすべきかという問いは、いっそう喫緊となっている。

こういった歴史状況のなかで、半世紀の歴史をもつ日独文化研究所としても、ささやかながら文化活動の一端を担うべくこの公開シンポジウムが生まれたのである。その基本構想の第一は、哲学を軸としつつ、文学・宗教・芸術・精神医学・自然科学などの分野にわたる学際的な討論の場を設けることであり、次に、第一線の学者が専門分野を超えて市民とディスカッションできるような場を、市民に提供することである。幸いにしてシンポジウムは市民のなかに定着し、好評を博してきた。招待された日独の学者たちから、毎回すぐれた講演が提供され、聴講者たちをまじえたフランクで活発な討論が毎回なされた。

このシンポジウムではこれまで、「自然」「生命」「歴史」という三つの連続テーマを掲げてきた。この三つのテーマは別々ではなくて、有機的ないし発展的な関連をもっている。だから十数年にわたってシンポジウムを重ねてきたいま、全体としては一つのまとまりをもつものとなりつつある。折りしも創立五十周年を迎えるに当たって、この公開シンポジウムも成果をまとめて刊行することが企画されたのである。これが三冊の書物として世に問われることは、研究所としてもまことに喜ばしいことである。同時に、この三冊が現代の文化状況に対する、意味ある発言として受け止められることを望んでやまない。

なお、このシンポジウムの構想は、主として本研究所理事、木村敏教授、大橋良介教授及び芦津丈夫教授によって練られてきたが、その一人である芦津教授は、五十周年の記念事業を見ずして先年、突如として他界されてしまった。その跡を継いで、高橋義人教授が理事となって協力して頂いている。この記念刊行は芦津教授への手向けでもあることを、特に付記しておきたい。

文化における〈自然〉

目次

文化における〈自然〉

——哲学と科学のあいだ

第一部　文学・宗教・哲学の視点から

第一章　ゲーテの自然——形態をめぐって

芦津　丈夫

一

「自然」（Natur）の一語を抜きにしてゲーテを理解することはできない。自然は彼にとって存在のアルファであり、オメガであった。『ファウスト』の冒頭、有名な「夜」の場面には、「生きて働く自然」（die wirkende Natur）を憧れ、その「乳房」にすがりたいとすら叫ぶ主人公ファウストが登場しているが、自然とはゲーテにとって、まずもって宇宙の生きて働く力を意味するものであった。

ファウストが自然の「乳房」を語るとき、そこには、古来ヨーロッパ文化に脈々と受け継がれて来た「母なる自然」の表象がまぎれもなく存在している。自然とは万物を養うだけではなく、それを生み出す母親であったのだ。だからこそチューリヒ湖上に舟を浮かべた若きゲーテは、波間に漂い、清新な湖岸の景観を眼前にしながら次のように歌うことができた。

われは臍の緒にて
世界より養分を吸う。
われを胸に抱く
四囲の自然の輝かしさよ。

（「湖上にて」初稿、第一節）

ここで我々の注目を惹くのは、詩人が「臍の緒」という大胆な表現を通して、この世に生まれる以前の始源の状態、いわば母の暗い胎内での生成にまで遡っていることであろう。彼は身体を上下・左右にゆさぶる湖水に身をゆだねながら、太古の記憶、母胎の羊水のなかでの浮遊を思い起こしたのにちがいない。「臍の緒」による養いは、「乳房」による養いよりも、母と子の結合の緊密さを一段と強く感じさせる。それは個体の誕生を未来に予感させることによって、Natur（自然）の語源となったラテン語 nascor（生まれる）の示す世界にまで遡る。ゲーテにとって自然とは、まず第一に「生きて働く」ものであった。『五月の歌』は、シュトラースブルクに留学した二十一歳のゲーテが歌った珠玉の一篇であるが、ここには、この生動する自然とのふれ合いの喜びが、力強い感動のうちに表出されている。詩は九節よりなるが、最初の三節を引用する。

自然は燦然と
われに燃え、
太陽は輝き、
野辺は笑う。

Wie herrlich leuchtet
Mir die Natur !
Wie glänzt die Sonne !
Wie lacht die Flur !

小枝に咲き出る
花々、
茂みに洩れる
千の声

胸に湧く
よろこび。
おお大地よ、太陽よ、
おお幸福よ、歓喜よ。

Es dringen Blüten
Aus jedem Zweig
Und tausend Stimmen
Aus dem Gesträuch

Und Freud und Wonne
Aus jeder Brust.
O Erd, o Sonne !
O Glück, o Lust !

まず第一節では、輝かしい五月の「自然」に打たれた驚きが歌われる。直訳すれば「いかに燦然と私に自然は燃えることか！　いかに太陽は輝くことか！　いかに野辺は笑うことか！」となるが、三度くり返される感嘆詞 wie は、その都度、新しい驚きを表出している。自然を前にしての新鮮な「驚き」（Verwunderung）は、現今の科学技術文明の時代にあってはとかく希薄になりがちであるが、詩人ゲーテは、自然研究の領域にあってすらも、たえずこの驚きを思考の出発点としていた。第一節二行目の mir（われに）は、感動の主体を示すとともに、自然の働きかけの場を示している。自然とは「自然」という名の実体ではなく、また太陽や野辺という個々の事物に限られるものでもない。動詞で示される leuchten（燃える）、glänzen（輝く）、lachen（笑う）などの出来事も、生きて働くかぎり自然であり、それのみか、これを感知する「われ」の心も自然の一部、いわば内なる自然なのである。

第二節と第三節前半とは、段落をまたいで一つの文脈のうちに歌われる。小枝からは花々が、茂みからは小鳥の声が、そして人間の胸からは歓喜が湧き出る。訳文ではそれぞれの主語に即して「咲き出る」「洩れる」「湧く」と訳し分けたが、原文での動詞は dringen（迫り出る）一つだけである。これによっても、外界に働く力と、人間の内面に働く力とが本来は同じ一つのものであることが示されよう。文頭の es は、文法的にはふつう先行主語として説明されるが、ここではむしろ宇宙的生命を表わす非人称主語だと解釈すべきではなかろうか。三度用いられる前置詞 aus は英語の out of にあたり、「内部から」を意味する。宇宙的生命が花々、千の声、よろこびとして存在の深みから湧出している。春を象徴する「五月」とは、まさしく万物の生命が内から外へ、闇から明るみへと一挙に迫り出る生成の瞬間なのである。

花々が咲きいで、鳥たちが声を発するように、詩人の内面からは歓喜が溢れ出ていることに注目したい。ゲーテの「自然」とは、人間の内面をも包みこみ、物だけではなく心にも浸透する力である。成立史的な事情にふれるなら、この「よろこび」とは、ゲーテがシュトラースブルク時代に体験した初恋のよろこびであった。それゆえ、これに続く第四節は「おお恋よ、恋よ、黄金なす美しさ」と歌い出される。こうして『五月の歌』は、外界と内面、自然詩と恋愛詩とのみごとな融合によって近代ドイツ抒情詩に新風を吹きこむ画期的な作品となった。

しかしながら、ここに歌われた明るく、生気みなぎる自然、いわば創造的な自然は、「生きて働く自然」の一側面にすぎない。自然には、これと相反する破壊の側面もある。医者、心理学者、すぐれた画家でもあったC・G・カールスは、晩年のゲーテとの親交によって知られるが、彼はその著『ゲーテ――そのよりよき理解のために』（一八四三）において次のように語っている。真に相手を愛するとは、その人の醜い部分をも愛することである。晴れ着をつけた自然、陽光や春の大気に包まれた自然を憧れるだけではは、まだ本当に自然を愛しているとは言えない。ゲーテの自然愛は、自然の優美で温和な側面だけではなく、その苛酷、暗黒、粗暴な側面にも注がれていた。それゆえ彼の深い、驚嘆すべき自然感情が、作品のすみずみにまで生きた自然として浸透することができたのだ(1)。

「生きて働く自然」の暗黒面、その破壊性とは何であろうか。書簡小説『若きヴェルテルの悩み』から、その第一部・八月十八日の手紙を取りあげてみよう。不幸な恋のため心中に暗いかげりの射しはじめたヴェルテルは、幸福な過去の日々をなつかしく回顧しながら、今や当時の充溢し、よろこびにみちた自然感情すらもが耐えがたい迫害者と化してしまったと訴えている。まず生の無常への悲嘆があり、万物の移ろい去り、流転する相への言及がある。ついで、それは激しく流れ、存在物を引きこみ、水底の岩にぶつけて打ちくだく水流の比喩を通して、自然の破壊性への恐怖に深められる。彼の心底を脅かすものは、この世に大災厄をもたらす洪水や地震だけではなく、「自然の一切にひそむ破壊力」なのである。そして彼はそれを「永遠に呑みこみ、永遠に反芻する怪物」という意味深長な言葉によって表現している。

ヴェルテルが眼前にした「永遠に反芻する怪物」とは、創造と破壊、もしくは再生と破壊という同一過程を限りなく反復する悪循環の相をはらむ自然の姿を意味している。「怪物」と訳したドイツ語 Ungeheuer は、巨大さ、恐ろしさ、不気味さを示す形容詞 ungeheuer からできたものである。無限の生命の舞台として輝いていた自然が、ほの暗い墓穴の深淵に一変してしまった。生と死、創造と破壊という二つの顔をもつ自然そのものがすでに不気味である。しかも、この相反する二つの働きが互いに入れ替わり、創造と破壊のプロセスを果てしなく反復する。それゆえヴェルテルの眼に、自然は途方もなく不気味で恐ろしいもの、まさに「怪物」と映じたのであろう。

ところで「永遠に反芻する怪物」とは、外界の自然現象にのみ向けられたイメージであろうか。後日書かれたゲーテの自伝的作品『詩と真実』第十三章の記述は貴重な示唆を与えてくれる。ここで作者は『ヴェルテル』執筆の一つの契機として、当時「時代の病」と呼ばれ、彼自身も悩まされた「生の倦怠」について語っているが、それは人生を重荷と感じさせ、メランコリー、無常感、厭世感となり、自殺に駆り立てることも少なくない心の病である。この病にかかると、昼夜や四季の交替、これにもとづく自然界や人間生活の変化などの、本来ならば「地上的生命の真の原動力」となるべき回帰現象が、単調で耐えがたいものとなり、「永遠に反芻する怪物」に化してしまう。この記述からも、「怪物」は、同時に彼の内なる自然、つまり心のなかの出来事でもあったことが明らかにされる。

青年期のゲーテの自然観を論ずるにあたり、『ファウスト』第一部の「夜」の場面に登場する地霊の形象を無視することはできない。ファウストの呪文によって呼び起こされ、赤い焔に包まれて姿を現した地霊は、次のように自己の本性を明かしている。

生の潮に、行為の嵐に
われは沸き立ち、くずれ落ち、
かなたに往き、こなたに還る。
生誕と墓場、
永遠の海原、
変転する営み、

灼熱する生命、
われは時のざわめく機《はた》を織り、
神の生きた衣《ころも》をつくる。

（五〇一－九行）

右の九行の詩句には、若きゲーテの自然観のすべてが凝縮された形で表現されている。地霊（Erd-geist）とは文字通り「大地の霊」であるが、「灼熱する生命」とも「生の潮」とも「行為の嵐」ともあるように、火風水土という四大のすべてを統べる自然の霊そのものである。地霊には、何よりもまずファウストの渇望した「生きて働く自然」が顕現している。「沸き立ち、くずれ落ち」の上昇と下降、「かなたに往き、こなたに還る」の往と還は、自然のダイナミックな運動を空間的に示す。ここにはすでに、のちにゲーテが「極性」（Polarität）と名づけたもの、すなわち有機的自然に拡大と収縮、吸気と呼気などとして現れる極性的運動の概念を指摘することができよう。

G・シェーダーは「生誕と墓場」（Geburt und Grab）を地霊の主題と呼ぶ。(2) それは自然の二つの極といえる創造と破壊、生と死を示すだけではなく、生から死に向かうプロセスとしての無常性、生々流転の相をはらんでいる。さらに、ここで死からふたたび生に向かう逆のプロセスを想定するならば、地霊のモチーフは生→死→生→死の無限反復を示すものとなり、あの「永遠に反芻する怪物」のモチーフにつながることになろう。その意味で注目すべきは「生誕と墓場」を受ける「永遠の海原」の表現である。ヴィトコフスキーは「永遠の海原」を潮の干満と解し、そこに生と死の永劫回帰の比喩を読みとっている。(3) ちなみに永劫回帰の哲学者ニーチェにとっても、潮の干満は車輪、指輪、砂時計などと並んで永劫回帰の重要なシンボルであった。潮の干満は、海の上昇と下降、岸辺での往と還を果てしなく反復する。そこには無意味・無目的で、単調な無限反復が、いわば悪循環（circulus vitiosus）よりなる永遠の時相が立ち現れる。こうして「生誕と墓場」のモチーフは、「永遠の海」を媒介として「永遠に反芻する怪物」と重なり合うのである。

小説『ヴェルテル』にあってはいまだ定かでない「永遠に反芻する怪物」の正体が、最晩年に書かれた戯曲『ファウスト』の最終二幕にあっては、海として姿を現わし、一つの大きなテーマとなっている。支配者となったファウストは、海の干拓事業によってユートピア的な新国土の開発に従事するが、そこで彼の「強大な敵手」となったのが陸地を浸食する横暴な海であった。高まっては衰え、岸辺に寄せては返し、「同じ戯れをくり返す」海は、まさしく「永遠に反芻する怪物」である。ファウストにとって、この怪物めいた海の本質とは潮の干満にほかならなかった。

今一つ看過できないものとして「力を呑みこむ力」の概念がある。この言葉は、二十三歳のゲーテが美学者J・G・ズルツァーの新刊書『美術の起源、本質、その最善の適用』（一七七二）を批評した論文のうちに見出される。ズルツァーは啓蒙主義美学の大御所であるが、彼は芸術を自然の模倣、自然の美化、人間のモラルの純化であるとして、その芸術観の根底にはライプニッツ風のオプティミズム、すなわち世界を美、調和、善とみなす考えが横たわっていた。これに対してゲーテは、自然にひそむ醜、悪、暗黒、混沌、破壊の要素を強調する。

私たちが自然から観取するものは、力を呑みこむ力である。何ひとつとして現存するものはなく、すべては移ろい、無数の芽が踏みにじられ、瞬間ごとに無数のものが生まれ、広大にして深遠であり、限りなく多様である。美と醜、善と悪であり、一切が等しい権利のもとに並存している。ところで芸術とはまさしくこれに対抗する力であり、それは、全体の破壊力に対して自己を保存しようとする個体の努力に発する。(4)

創造と破壊という自然の両極が示され、世界とは力と力の相剋よりなる生々流転の場であるとされる。またゲーテは、人間が全体の破壊力に対抗するための手段として、「芸術」(Kunst)の立場をあげることも忘れていない。Kunst には「技術」の意味もある。その場合、それは津波に対しては防波堤の構築、地震に対しては建築物の強化を意味することになろう。問題の「力を呑みこむ力」(Kraft, die Kraft verschlingt)であるが、それは「生きて働く自然」を主と客の対立としてダイナミックに捉えている。しかし、ここに働くものは二つの力と言うよりも、一つの力と見るべきであろう。「呑みこむ」という一つの行為が主客に分かれ、二つの力の関係として現れているにすぎない。蛇が蛙を呑みこむという場合、それは呑みこまれる側よりすれば残忍きわまる破壊行為であるが、呑みこむ側にとっては生きるための行為、すなわち創造行為なのである。現在、人類とガン細胞やエイズ・ウイルスとの戦いに見られるものも「力を呑みこむ力」にほかならない。

上述の「極性」の概念は、この「力を呑みこむ力」にもすでに指摘できるのではなかろうか。極性とはプラスとマイナス、吸気と呼気、拡大と収縮のような相反する二つの作用であるが、自然における根源的一者が相反する二者に分裂することによって自己を実現し、より高い統合に迫るのである。『色彩論』教示篇には次のようにある。「合一したものを二つに分かち、分裂したものを一つにすることは自然の生命である。それは永遠の収縮と拡大、永遠の結合と分離、吸気と呼気であり、そのなかに我々は生き、活動し、存在している。」(第七三九節)

「呑みこむ力」とは何も地震とか、蛙を呑みこむ蛇とかに限られるものではない。草食動物は、植物を餌として個体を維持する。植物は日光、大気、水などを摂取することによって生存している。生きることは「呑みこむ」行為を前提とする。その際に働く力とは「力を呑みこむ力」一つである。この力が発動される瞬間、それは呑みこむ力と呑みこまれる力として主客に分裂する。「自然」という名の根源的一者は、時には二つに分かれ、時には一つに帰りつつ生きて存続するのである。

二

ゲーテは一七七五年十一月に郷里フランクフルトを離れ、ヴァイマル公国の首都ヴァイマルに居を移したが、これを境に彼の自然考察への関心が深まり、本格的な自然研究が開始されるにいたった。その分野は植物学、動物学、色彩論、気象学など実に広範な分野におよぶが、その二大支柱は形態学と色彩論であった。「形態学」(Morphologie)の概念はギリシア語の「形」(morphe)にもとづく。形態学はゲーテ自身の創始した学問であり、文字通り「形態」を通して生命体の本質に迫ろうとするものであった。植物学と動物学はもとより、比較解剖学や骨学もここに含まれる。

「形態」(Gestalt)を通しての自然考察は、中期のゲーテに見られる新しい姿勢である。このことは、六十年の歳月を費やして完成した大作『ファウスト』の制作過程を通しても裏づけられよう。たとえばファウストと地霊の対決を描いた「夜」の場面は若きゲーテの手になるが、ここに登場する地霊は、息吹き、灼熱し、奔流する自然そのものである。「恐ろしい顔」と記されてはいるが、この「生きて働く自然」の化身としての地霊は、ほとんど無形の存在であり、その形姿は定かでない。ところで、イタリア旅行（一七八六－八八）ののちに完成された「森と洞」のモノローグにおいては、地霊の与える印象は一変している。ファウストは「崇高な霊」（地霊）に、こう呼びかけている。

崇高な霊よ、お前はおれの願ったものを
すべて与えてくれた。お前は徒らに
焔のなかからおれに顔を向けたのではない。
壮麗な自然をおれに王国として授け、
それを感じ享受する力を与えてくれた。
冷静に凝視することを許すだけではなく、
友人の胸中をのぞくように
自然の奥深いふところを見せてくれた。
多くの生き物をおれの眼前に通過させ、
静かな森、空中や水中に住む
おれの兄弟たちに引き合わせてくれた。
（三二一七－二七行）

地霊はファウストに「壮麗な自然」を授けたとあるが、むしろ「自然」そのものが地霊の現れである。ファウストは自然を感じ、享受するだけではなく、冷静に凝視し、その奥深いふところのうちまで観察している。あまたの生き物が眼前を通過したともあるが、このような「見る」行為は、形態を通してはじめて可能になろう。地霊を前にしてのファウストの変貌は、ゲーテ自身の成長を示している。「夜」と「森と洞」との間には成立史的に見て十数年もの歳月が横たわっているが、この間に、自然の形態を注視するゲーテの姿勢が確立し、自然科学者ゲーテの誕生があったと言える。

「多くの生き物をおれの前に通過させ……」の台詞からは、まず顎間骨の発見という出来事が想起される。「顎間骨」(Zwischenkieferknochen, Os intermaxillare)とは、左右二本の上顎骨の間で切歯を支えている骨のことであり、従来、すべての脊椎動物にはあるが人間には欠如し、それゆえ猿と人間の相違点だとも されてきた骨である。ゲーテは象、ライオン、牛、馬、猿などのさまざまな顎間骨をつぶさに観察・比較したうえで、人間の上顎にも退化した縫合状態ながら、歴然とした顎間骨の跡があることを発見した。論文『上顎の顎間骨は他の動物とひとしく人間にも認められる』(一七八六)にもあるように、この発見は、まさしく「一連の形態」(eine Reihe Formen)の観察と比較によって実現したのである。

自然観察は対象の客体化を前提とし、そこでは「形態」の確認が不可欠である。ところで顎間骨の発見において特筆すべきは、この形態の認識がゲーテにむしろ自然への接近、自然との共感を促したことであろう。「静かな森、空中や水中に住むおれの兄弟たち」のもとには獣、鳥、魚、両生類などが考えられるが、今や人間とこれらの動物を分かつ境界線が取りのぞかれ、「おれの兄弟たち」と呼びかける同胞愛が、生きとし生けるものに注がれる温かい、普遍的な自然愛が目ざめたのである。

形態学における今一つの輝かしい成果として、一七九〇年の論述『植物のメタモルフォーゼ』があげられる。それは、南国イタリアの豊かな植物とのふれ合いがもたらしたものである。一七八六年の九月末アルプスを越えたばかりのゲーテには、早くもパドヴァの植物園において「あらゆる植物形態を一つの形態から展開できる」という着想が湧いている。翌年春シチリア旅行中にひらめいた原植物の直観的啓示は、この着想を母胎とする。ゲーテの言う「原植物」（Urpflanze）とはシダ類や苔類のような原始植物のことではなく、植物を植物たらしめる「原型」（Typus）を、あらゆる植物形態の根源的同一性を意味していた。

『植物のメタモルフォーゼ』はゲーテの植物研究における唯一の体系的な論述であるが、ここで彼は一年生の植物を対象として、植物の生成・変化を「葉」の変容として捉えている。原葉としての「葉」（Blatt）が極性としての拡大と収縮を交互に反復しながら、子葉→（拡大）→茎葉→（収縮）→萼→（拡大）→花冠→（収縮）→オシベとメシベ→（拡大）→果実→（収縮）→種子という六つのステップを踏んで自己を形成・変形すると言うのである。あらゆる形象のうちに隠れたり現れたりする「葉」は、変身の神プロテウスとも呼ばれた。シェーダーも指摘するように原植物を求めてシチリアまで南下した詩人は、図らずも「葉」の変容という理論を手にしてヴァイマルに帰国することになった。[5] 植物の原型としての「原植物」と根本器官としての「葉」とは、明らかに別物である。しかし両者は、多様性のうちに顕現する一者という意味では合致する。すべての植物に可視的形態としての原型が具わるという確信が一転して、すべての器官には根本器官としての「葉」が働くという認識が生まれた。形象が力に転じ、目に見える原型が動的な根本器官に転じたところに、ゲーテの画期的なメタモルフォーゼ理論が成り立ったと言えよう。

形態を見るとはどういうことなのか。「生きて働く自然」の形態であるかぎり、それは不断の生成と変化のうちに置かれている。それゆえゲーテは、形態学を「形態の学」と定義しながらも、そこに「有機体の形成と変形の学」と付け加えることを忘れていない。[6] とりわけゲーテは、静止した形象のうちに生動を読みとる内的視覚の持ち主であったことで知られる。たとえばプラハの生理学者J・E・プルキニェの著書『主観的視覚』（一八一九）を論じた文章のなかには、ゲーテが自己の特異な能力について語った次のような言葉がある。

私には、ある能力があった。両眼を閉ざし、頭を下げて眼の真ん中で一つの花を思い浮かべていると、それは一瞬たりとも最初の姿を保つことなく、分裂し、その内部からまたしても有色の、おそらく緑色の花葉をつけた新しい花々が現れて来た。それらは自然の花と言うよりも幻想的であり、しかも彫刻のロゼットのように規則正しい花々であった。この溢れ出る現象を固定することはできなかった。だが、それは私の望むだけ長く持続し、衰えもせず、強化もされなかった。(7)

有機的自然の「形態」を見るとは、その「形成と変形」を見ることであり、形態に働く力を視覚によって確認することである。一八一七年にゲーテが雑誌『形態学のために』を創刊したとき、その「意図の序説」にはこう記されている。「我々がすべての形態、とりわけ有機的形態を考察するとき、存続するもの、静止するもの、完結したものはどこにもなく、一切が不断の躍動のうちに揺れ動いていることを見出す。(8)」この認識に立つゲーテは、ドイツ人が生きた複合体に対して安易に「形態」の語を用い、「動くもの」を無視しがちであることに警告を発している。

植物の「葉」であれ顎間骨であれ、自然を観察する際にゲーテは、つねに直接的な感覚で把えうる形態から出発した。しかし周知のように二十世紀に入るや、生物学の主たる関心は、ゲーテ時代にはほとんど未知であった新しい形態に向けられている。それは器具によって識別される微視的形態だけを意味するものではない。生命体に生命素材としての原形質が問われることにより、A・ポルトマンも言うように「巨大分子的」ないしは「装置的」レベルに立つ新しい形態が登場したのである。(9) その筆頭に、分子生物学の解明した生命現象の基底にある遺伝情報、分子にきざまれた記号としてのデオキシリボ核酸（DNA）があげられよう。

現代生物学にあっては、目に見える形態の次元を超え、時には不可視にも近い「第二の形態世界」（ポルトマン）が求められるようになった。しかしこの視角は、はるかに素朴な形ではあるが、すでにゲーテによって提示されている。たとえば比較解剖学について彼はこう語っている。「比較解剖学は有機的自然についての一般概念を提供してくれた。それは私たちを形態から形態へと導き、私たちは、遠い、もしくは近い類縁関係にある生物を考察することにより、これらすべてを超え、これらの特性を一つの理想的形姿として眺めるのである。(10)」ここでの「理想的形姿」は、個々の現実の形態を超えたものであり、それは原型としての「原植物」、さらには根本器官としての「葉」に匹敵するものだと言えよう。

ゲーテの小文『幸運な出来事』は、彼が一七九四年にイェーナで友人シラーと交わした植物のメタモルフォーゼについての対話を興味ぶかく伝えている。ゲーテがシラーの眼前に描いてみせた「象徴的な植物」とは、原植物のスケッチであったにちがいない。シラーがこれを見て、即座に「それは経験ではなく、理念です」と言ったのに対し、ゲーテは一瞬たじろぎながらも、平然として「私が自分で気づかずに理念を持ち、しかもそれを肉眼で見ていたとは非常に嬉しいことだ」と答えている。「象徴的な植物」とは明らかに具象性を超えた植物の形態であり、シラーがこれを「理念」と名づけたのも無理はない。だがゲーテは、これに真向うから反対して「理念ではなくて経験だ」とは言わなかった。彼が原植物の「理念」であることを一応認めた上で、しかも肉眼に見えると主張したのはなぜであろうか。彼にとって「理念」（Idee）とは、カント哲学の影響を受けたシラーの場合ほど主観的色彩の強いものではなかった。理念と経験とは完全に懸隔したものではなく、どこかでつながりを有していたのである。『イタリア紀行』から一つの文章を引用してみよう。

これほど多様な、新しい、よみがえった植物の形姿を眺めていると、この一群のなかに原植物を発見できるのではないかという昔からの気まぐれが頭をもたげて来る。こうした植物が存在するはずだ。もし植物のすべてが一つの原型にならって形成されているのでなければ、あれこれの形姿が植物であることをどこから認識できるであろうか。（パレルモ、一七八七年四月十七日）

原植物とは全植物にやどる「原型」（Muster）であり、その意味では「理念」だとも言えるが、頭脳によって抽出された、ただの図式や符号ではない。これによって植物が植物として認識される。この原型は、たえず個々の生きた植物に「目に見え、手で捉え得る」形で現象している。ゲーテ風に言うならば、それは「目に見える理念」としての原現象なのである。あくまでも対象に密着し、理念をも肉眼で眺めるというのがゲーテの姿勢であるが、トーマス・マンはこの驚くべき直観性を「アンテーウス的資性」という言葉で表現している。アンテーウスとは、大地に触れているかぎり無限の力によって支えられたギリシア神話の巨人である。精神医学者ハインロートがゲーテについて指摘した「対象的思惟」も、このアンテーウス的直観性に通じるものだと言えよう。ゲーテにあっては思惟がつねに対象に即して働き、思惟は対象からおのずと流れ出るものであった。直観そのものが思惟、思惟そのものが直観であったとされる。(11)

はたしてゲーテの形態学が、どこまで現代の生物学に通じるであろうか。理論物理学者W・ハイゼンベルクは、一九六七年の講演『ゲーテの自然像と技術・自然科学の世界』において原植物をめぐるゲーテとシラーの対話を取り上げ、ここでの「理念」とは、現代の科学者ならむしろ「構造」（Struktur）と呼ぶべきものであると言う(12)。さらに彼はゲーテの原植物と、分子生物学において生命体の「基本構造」とみなされる核酸の二重螺旋との比較を試みている。

DNAの二重螺旋は高度のミクロスコープと合理的分析を通してはじめて確認される極微の世界であり、一見、可視的な原植物との間にはたしかに大きな隔たりを感じさせる。しかし両者は、いずれも有機体の基本構造ならびにその形成力であるのみか、一つの客体、一つの現象であるという点では本質的に近似している。ここでハイゼンベルクは、彼自身の提唱したいわゆる「宇宙方程式」（Weltformel）を持ち出して全自然の基本構造の問題にまで迫り、この基本構造がゲーテ的な意味で目に見えるかどうかは、いかなる認識器官を用いて我々が自然に向かい合うかによると結論している。

ゲーテの自然認識の現代に占める意義を強調するハイゼンベルクの発言は、自然科学の未来にかける期待の大きさによって広く賛同を呼び起こしたが、他方、このいささか楽観的な未来志向に対しては、懐疑や反論の声も少なくなかった。それにしても、今世紀を代表する科学者が、一八世紀の人間ゲーテの素朴とすら言える自然研究の姿勢から真剣に学びとろうとしていることは注目にあたいする。彼はまずゲーテから自由な、生きた感覚による自然認識を、ついで自然の背後に神の秩序を見る姿勢、いわば自然への畏敬を習得しようとしている。ゲーテが現象の背後に原現象として追求したUr-の世界とは、この神の秩序にほかならない。ハイゼンベルクは、ひたすら抽象化の道を突っ走る現代自然科学も、いつかはゲーテ的な意味での基本構造に出くわせるのではないかという期待を抱いたのである。

形態学の確立を目ざす中期のゲーテは、形態の観察を通して、そこに顕現する力に迫ろうとした。力とは、そもそも形を超えるものである。この形を超える力のうちにこそ自然の本質があるのではなかろうか。晩年のゲーテの関心は、むしろ形なきものとしての自然に向けられていったように思われる。

三

浮遊する雲のように形態の定かでない自然もあれば、樹液のようにそれ自体はほとんど目に見えず、しかも植物の器官に流れ、浸透し、その形態を養っている自然もある。それのみか、ほとんど無、虚空と映じる自然もあろう。たとえば雲の形成、変形、流動などの現象に着目するとき、そもそも雲とは水滴を包含する大気や、風、温度、気圧などの目に見えない力の現れであることが知られる。ここに働く不可視な力も「自然」にほかならない。

ゲーテの自然研究における関心は、晩年を迎えるとともに、しだいに形態を超えるものに向けられて行った。彼の主たる関心は、まず色彩現象に注がれ、最晩年のほぼ十年間は気象学の研究に捧げられている。A・シェーネによれば、ゲーテの自然考察の対象は年とともに有形のものから無形のもの、固いものから柔らかいもの、存続するものから流動するものに移行したとされるが、この指摘はきわめて興味ぶかい(13)。さらにシェーネは具体的に、まず岩石から動物の骨格に、ついで植物のメタモルフォーゼに、最後に色彩現象を経て雲にいたったと述べている。ちなみにゲーテの自然科学論文から主要なものを拾って、年代順にあげてみよう。『花崗岩について』の執筆が一七八四年、『植物のメタモルフォーゼ』の発表が一七九〇年、大著『色彩論』三部の出版は一八一〇年となる。未完のまま残されたが、気象学の総括とも言える『気象学試論』は、最晩年に近い一八二五年に書かれている。

形態に即し、しかも形態を超えて働く自然の秘密を歌ったゲーテの一つの詩がある。思想詩『パラバーゼ』は一八二〇年に成立し、七年後に詩群『神と世界』の一篇として決定版全集に収められた。パラバーゼとは、古代アッティカ悲劇において合唱指揮者がじかに観衆に向けて語った幕間口上のことである。つまりこの詩は、E・シュタイガーも言うように、二十篇を超える詩群のすべて、とりわけ『パラバーゼ』に続く二つの大きな思想詩『植物のメタモルフォーゼ』と『動物のメタモルフォーゼ』に関連し、ゲーテが彼自身の自然考察、なかでも形態学について回顧し、その体験を箴言風に我々に語ったものである。(14)

昔の日々の喜びよ、
精神をひたむきに奮い立たせて、
創造しつつ生きる自然のさまを
究め、知ろうとしていた。
多様な姿で現れ出るもの、
それは永遠なる一者にほかならず、
大きなものは小さく、小さいものは大きく、
すべてが独自の在り方で現れている。
つねに変化しつつ、自己を確固と保ちつつ、
近くて遠く、また遠くて近く、

形成しつつ、変形しつつある。
驚嘆するために私は存在する。

「生み出しつつ生きる自然のさま」という表現、また「形成と変形」という言葉からも察せられるように、この詩は、かつてゲーテが形態学に没頭した頃の喜ばしい心境を述べたものである。「永遠なる一者」の変幻自在な変容に対する驚嘆によって、詩は結ばれている。ところで自然の変容のさまを示す「大きなものは小さく、小さなものは大きく」の一行は、どう解釈すべきであろうか。ゲーテの思想詩はしばしば神託めいた口調で歌われ、そのため難解な個所の多いことで知られるが、『パラバーゼ』もこの例を洩れるものではない。大が小さく、小が大きく現れるのは、日常的判断よりすれば明らかに矛盾している。だがそれはゲーテの単なる言葉遊びだとは考えられない。たとえばE・トゥルンツは、これを「大きなものはつねに個別として現れるから小さく、小さなものは普遍を具現するから大きい」と解釈している（ハンブルク版ゲーテ全集・第一巻）。

しかしここで個別とか普遍とかの概念まで解釈に持ちこむのは強引で、それはかえって詩の心を逸することになろう。現象の主体は「永遠の一者」であり、それは形をとって現れながらも、そもそも形を超える存在である。「大きなもの」が小さく現れるとも言えるし、「小さなもの」が大きく現れるとも言える。こうした逆説めいた真理、自然のまさに不可思議な形成と変形の妙を驚嘆のうちに歌ったものがこの詩行である。その不可思議とは、形態と、形態を超えるものとの甚深微妙な関わり合いにほかならない。

西田幾多郎はゲーテの没後百年にあたり、論文『ゲーテの背景』（一九三二）において、ゲーテの詩の背景を「形なくして形あるものを形成する無限の空間」として捉えている。これは同時にゲーテの「自然」を解き明かしたものでもあり、『パラバーゼ』に歌われた「形成と変形」の秘密にも迫る。西田の論文はわずか十二頁の小篇であるが、まずその論旨を紹介しておきたい(15)。

歴史上の出来事はすべて永遠の背景のもとに形成されているが、同じことが文化や芸術についても言える。ミケランジェロの彫刻の背後には奈落の底から溢れ出るような力が、ダンテの『神曲』の背後には仰ぎ見るような高みが感じられる。しかしゲーテの詩の背景をなすものは、高みや深みを感じさせる立体的なものではなく、むしろ平面的なもの、形なしに無限に広がるものである。それは人間性の否定に陥ることなく、人間性を包み、溶解し、しかも個性を生かす。実体が個物を否定するスピノザの数学的必然性としての自然とは異なり、ゲーテの自然は個性を包み、個性を成立させる自然であり、「形なくして形あるものを形成する無限の空間」を思わせる。それは抒情詩『月に寄す』における月光、『漁夫』における海、『魔王』における霧のように我々に語りかけ、我々の魂と共鳴する。それは『月に寄す』に歌われた小川のように流れ、ざわめいて、「我々の幽玄なる心の底の底までもミットクリンゲンする」。

お前はふたたび茂みと谷間を
おぼろの光で静かに満たし、
ついには私の心をも
すみずみまで解きほぐす。

(「月に寄す」第一節)

ざわめけ、小川よ、谷間にそって、
絶え間なく、休みなく
ざわめいて、私の歌に
旋律をささやいておくれ。

（同、第六節）

月光のように私の心を包み、満たし、解きほぐし、友のまなざしを投げかけてくれる自然、この「働くものを包む」ゲーテの自然には、救いの力が働いている。『ファウスト』の結びには「永遠の女性、我らを高みに引きあげる」とあるが、この「永遠に女性的なもの」（Das Ewig-Weibliche）こそゲーテの背景であると言えよう。ここに働く力はストア派の賢者の求めた知的な愛ではなく、永遠に女性的な聖母マリアの愛である。その延長線上に、我々は東洋芸術に見るような「悲しみの影なき悲しみの芸術、喜びの影なき喜びの芸術」を体験することができるであろう。

以上が西田の論旨であるが、まずここでは自然が客体とか有機体とかいう風に実体的な定義づけをされず、物と心、内と外、全体と個体とが融通無碍に関わり合う共感の場、万物が息吹を交わせ合う無限の空間として提示されている。ついで西田がゲーテの詩から取りあげる風景、環境としての自然が月光、霧、川、海というように、すべて浸透するもの、包むもの、もしくは流れ、漂うものとなっていることに注目したい。いわゆる固体や、形態学の対象とされる植物、動物などの形あるものは一つとしてあげられていない。かりに有形のものがあげられたとしても、西田の関心は、その形態を満たし、内から支える無形のものに向けられたにちがいない。

さらに、人間の心に共鳴する自然の声が旋律（メロディー）、すなわち流れる音楽として把握されていることも見落とせない。現にゲーテも小川に呼びかけて「ざわめいて、わたしの歌に旋律をささやいておくれ」と語っているが、この旋律のうちに「形なき生命の声」が聴きとられるのである。

論文『ゲーテの背景』に添えられたドイツ語の標題は、Schaffen の語を入れて、Der Hintergrund des Goetheschen Schaffens（ゲーテ的創造の背景）となっている。この「創造」は、まず詩作を意味するが、ゲーテの背景そのもの、ゲーテの自然そのものが創造的であるとの含みもある。創造にあずかる「無限の空間」という概念を前にして、西田がその著『働くものから見るものへ』において意識の場所に働くものだとした、あの「創造的無」を思い起こすのは私一人ではあるまい。[16] こうした「無」を基盤とする西田の思考に東洋古来の、とりわけ仏教的な「自然」の意味が生かされていることは否定しがたい。最晩年の親鸞は、彼の到達した宗教的境地を「自然法爾」の語で捉えているが、ここでの「自然《じねん》」とは「おのずから然らしむ」を意味し、無上仏の「かたちもましまさぬやう」を示すものであった。[17] つまり自然とは、形も色もなく、認識不可能な無上仏、すなわち真如、一如のあり方を示す言葉である。さらに遡って、古い浄土経典『大無量寿経』（漢訳）にあっては、涅槃の境地が「自然虚無之身」として説かれている。「自然」と「虚無《こむ》」とは、ともに涅槃の別名であったとされる。

仏教における無としての自然を西田の言うゲーテの形なき自然と関連づけて論じてみたいという誘惑にも駆られるが、これは別の機会にゆずりたい。そのためには、まず日本古来の自然（じねん、しぜん）の語とドイツ語の Natur がそれぞれ本来意味するところを明白にし、両者がどこまで重なり合うかを確認しておくことが不可欠となろう。明治以降「自然」が Natur ないしは nature の訳語として定着したからと言って、両者を安易に同一視するのは危険である。ちなみに明治以前の日本においては、いわゆる自然物、山川草木や鳥獣のたぐいは「自然」と呼ばれず、造化、森羅万象、衆生、有情などの言葉で表現されていた。
ここでふたたび、晩年のゲーテに即して「形態」（Gestalt）の意味するところを考えてみたい。すでに彼は、形態が流動する自然の、一瞬固定された姿にすぎないことを充分に知っていた。たとえ一瞬ではあれ、流動のうちに目に見える形態を生み出しているものとは何であろうか。当然それは形なきもの、不可視なものと考えられるが、これこそ真の生命と言うべきではなかろうか。『気象学試論』の冒頭にはこれについての新しい認識が示されるが、それは、すべての現象を「象徴」（Symbol）とみなす立場であった。

真なるものは神性と同一であるが、決して直接には認識されない。我々はそれを映像、事例、象徴のうちに、個々の類似した現象のうちに眺めるだけである。それを把握しがたい生命として認めるが、やはりそれを把握したいという願望を捨てることはできない。(19)

ゲーテの気象学は、一八一五年、雲の観察によって開始された。英国の気象学者L・ハワードから層雲、積雲、絹雲、雨雲などの主要な雲形の識別を学んだゲーテは、これを手がかりとして千変万化する雲のメタモルフォーゼを精密に観察し、これを惹起している気圧、風、温度などの大気現象、さらにはすべての気象の原因となる根源的生命にまで迫ろうとした。あらゆる大気現象を大地の呼吸・脈動に帰するゲーテの気象学は、きわめて大胆で、他に類を見ないユニークなものであった。
目に見える雲は「真なるもの」の象徴である。一般に、雲とは大気中の水分が細かな水滴となり、集合して空中に浮遊するものだとされている。気圧が上昇すれば水分は希薄になり、雲は見えなくなるであろう。しかし雲の形成の場となった大気が依然として存在し、空中の水分が多少とも残っているかぎり、完全な意味で、雲は消失したと言えない。つまり可視、不可視を問わないかぎり、雲は大気中の随所に存在しているのである。

天空に軽やかに漂い、やがて高みに昇って、大気に吸われるように消え去り行く絹雲、この不思議な雲の姿に、ゲーテは早くから心を惹かれていた。一七八六年九月八日、ブレンナー峠でこの景観を目のあたりにした彼は、後日『イタリア紀行』においてその体験を次のように回顧している。

私は、このような雲が吸収される有様を、いとも明瞭に観察することができた。雲は険しい山嶺にかかり、夕映えに照らし出されていた。おもむろに雲の末端が分離し、いくつかの絹雲が引き離されて天空に昇って行った。これらが姿を消すとともに雲塊全体もしだいに消え去り、私の眼前で、さながら糸巻き竿が目に見えぬ手によって完全に解きほぐされて行くかのようであった。（傍点筆者）

絹雲が上昇して四散するだけではなく、雲そのものが姿を消し、不可視なものとなっている。しかしゲーテは、これをネガティブな現象としては受けとめていない。雲の消失は、むしろ雲の背景、これまで雲を形成していた無形のもの、不可視なもののポジティブな現出ではなかろうか。すべての現象が「真なるもの」「神的なもの」の象徴であるとするなら、雲のエーテル化は、まさに神性と真理それ自体の現れであると言える。だからこそゲーテは、この神秘のうちに「目に見えぬ手」の働きを直観したのであろう。ただし上にあげたゲーテの文章が、あくまでも晩年のゲーテの手になるものであることを付言しておかねばならない。『イタリア紀行』第一巻（一八一六年刊行）の編集にあたった詩人は、三十五年前に旅先で書いた「気象への考察」に大幅に加筆している。それゆえ前掲の記述には、すでに本格的な気象研究に従事する科学者ゲーテの鋭いまなざしと、彼独自の詩的構想力のとむ考察の一端がうかがわれる。

『ファウスト』の結びで神秘の合唱が「永遠の女性が我らを高みに引きあげる」と歌うとき、この「永遠の女性」のうちにもゲーテは「目に見えぬ手」を考えていたのではなかろうか。戯曲の最終場面には、主人公ファウストの救済が描かれている。寿命つきたファウストは大地に斃れふしたが、その不滅の霊は雲に包まれ、天使たちの手によって栄光の聖母マリアの統べる上天にまで持ちあげられた。そしてここで、かつての恋人グレートヒェンの霊に出迎えられている。

「永遠の女性」を栄光の聖母、あるいはグレートヒェンとみなすのが一般の解釈であるが、それをファウストを高みに引きあげた雲だと考えることは不可能であろうか。作品には、彼を包んだ絹雲が漂いつつ上昇し、ついにはエーテルと化するプロセスが描かれている。少なくとも、この雲のメタモルフォーゼがファウストの救済において決定的な役割を演じていることは確かである。上昇し、見えなくなる雲と「永遠の女性」とを同一視することは困難であっても、両者がいずれも救済に関する一つの宗教的真実の象徴であり、その意味で重なり合うと言うことは許されるであろう。

(1) Carl Gustav Carus : Goethe—Zu dessen näherem Verständnis, Dresden (Wolfgang Jess Verlag) 1949, S. 100-101.
(2) Grete Schaeder : Gott und Welt—Drei Kapitel Goethescher Weltanschauung, Hameln (Verlag der Bucherstube Fritz Seifert) 1947, S. 70-72.
(3) Goethes Faust, herausgegeben von Georg Witkowski, 4. Auflage, Leipzig (Hesse & Becker Verlag) 1912, S. 208.
(4) Goethes Werke, H. A. (Hamburger Ausgabe) Bd. 12, S. 18.
(5) G. Schaeder, ibid. S. 137.
(6) Goethes Werke, H. A. Bd. 13, S. 124.
(7) Goethes Werke, Weimarer Ausgabe, 2 Abteilung, Bd. 11, S. 282.
(8) Goethes Werke, H. A. Bd. 13, S. 55.
(9) アードルフ・ポルトマン『生命あるものについて』八杉龍一訳、紀伊國屋書店、一九七六年、十四頁。
(10) Goethes Werke, H. A. Bd. 12, S. 44.
(11) Ibid. Bd. 13, S. 37.
(12) Werner Heisenberg : Das Naturbild Goethes und die technisch-naturwissenschaftliche Welt. Neue Folge des Jahrbuchs der Goethe-Gesellschaft. Bd. 29 (1967) S. 38.
(13) Albrecht Schöne : Über Goethes Wolkenlehre. In : Der Berliner Germanistentag 1968. Vorträge und Berichte. Hrsg. von Karl Heinz Borck und Rudolf Henss, Heidelberg 1970. S. 25.
(14) E・シュタイガー『ゲーテ』(下)鎌田道生他訳、人文書院、一九八二年、八四―八五頁。
(15) 西田幾多郎「ゲーテの背景」、『ゲーテ年鑑』第一巻、日本ゲーテ協会、一九三二年、一四六―一五五頁。
(16) 『西田幾多郎全集』第四巻、岩波書店、一九六五年、二三八頁。
(17) 『親鸞和讃集』名畑應順校注、岩波文庫、一九七六年、二一二―二一四頁。
(18) 『浄土三部経』上、中村元他訳註、岩波文庫、一九六三年、一五八頁。
(19) Goethes Werke, H. A. Bd. 13, S. 305.

第二章　親鸞における自然——シェリングとのつながりで

大峯　顯

一

「自然」という漢字は、明治になってからは、natureやNaturという西欧語の訳語にあてられている。この意味での「自然」は、第一に日月星晨や地水火風などの無機物、草木禽獣などの有機物をふくめた自然物をさしている。第二には、そういう自然物の全体としての世界そのものの名前である。第三には、そういう自然界のうちにあるすべてのものに共通した性質とか本性とかを意味する。つまり、何らかの仕方で人間と区別され、一つの客体として対象化された世界を云いあらわす語である。

しかし、中国文明と接触してから明治になるまでの日本人が永いあいだ使ってきた「自然」という語は、そういう意味をまったく持っていない。自然という漢字のおそらく最も早い用例と思われるものは、「山辺の石の御井はおのづから成れる錦を張れる山かも」という万葉歌である（巻十三　三二三五）。ここでは、「おのづから」という副詞に「自然」の字があてられている。その後、中世の文学や歴史書には仏教の影響のもとに、「自然《じねん》」とか「自然法爾《じねんほうに》」という語がよく現われてくるが、これらはすべて、自然界のことではなく、人間、社会、歴史などのもつ一種の運命的なあり方を意味する形容詞になっている。たとえば戦記物で「自然の事」といわれるのは、武士が戦場で死ぬことを意味している。そして、いわゆる自然界を云いあらわす場合には、「世の中」という語が使われたりすることもある。

自然が人間の客体としてのいわゆる自然界の名とされなかったのは、おそらく仏典の用語法によって制約されていたからであろう。浄土教典における「自然」は、宗教的信仰や解脱の構造、宗教的真理のあり方を云いあらわす語である。『大無量寿経』の「悪趣自然《じねん》にとぢん」「自然のひくところなり」とか善導の『法事讃』の「仏にしたがひて逍遥して自然に帰す。自然はすなはち彌陀国なり」とかがその用例である。

明治以前の日本人が、現代語でいう自然という語をもたなかったということは、自然を対象化しなかったということであって、自然という世界そのものを知らなかったという意味ではもちろんない。むしろ、自然の物や世界は、われわれに最も身近で親しい友として経験されていたのである。日本人のそういう直接的な自然経験を示す最も代表的な言葉は、「山水」とか「花月」とかいう言葉であろう。日本人のこのような自然経験は、たんに文学や芸術作品の中に形をとっただけではなく、仏教思想にも固有な色調を与えている。それは一口でいうと、仏教の説く真理は自然にかなった性格のものであるという考え方である。

日本仏教を代表する思想家たちは、仏の世界、悟りや信仰の経験を語るとき、しばしば山川草木などの自然物を引き合いに出してくる。日本仏教がインドや中国の仏教と区別される最も大きな特徴の一つはこの点にあるように思われる。たとえば、西行においては、美しい桜や月はそのまま仏のシンボルとなっている。宗教的な求道の志がつねに花月という自然物に寄せる自然な心との融合の相において述べられているのである。浄土教では一遍につぎのような言葉がある。

よろず生きとし生けるもの、山川草木、吹く風、たつ浪の音まで念仏ならずといふことなし、人ばかり超世の願にあづかるにあらず。

（『興願僧都への御返事』）

ここでは、如来の本願という眼に見えない仏のはたらきが、眼に見える山川草木という自然物の形の中に感得されている。さらに道元の『正法眼藏』第二十九の山水経には、「而今《にこん》の山水は古仏の道現成《どうげんじょう》なり」という語句がある。ここでも、禅仏教の悟りの世界がやはり、眼前に形をとっている山とか川とかいう自然物の在り方を通して語られている。これらの人々に共通していることは、山川草木という自然物を、人間をふくめたすべての事物の在るがままなる在り方、おのずからなる在り方のシンボルと見ているという点である。そうして、如来の誓願による救済とか、自己本来の面目の悟りとかいう仏道とは、つまりは、物事のそういう、おのずからなる在り方に他ならない。一言で云えば、信仰や悟りという宗教的超越のいとなみの究極は、自然という次元へ立ちもどることだという考え方である。

宗教をこのような根源的自然とのつながりで考える日本仏教の基本性格においては、親鸞の浄土真宗ももちろん例外ではない。自然は日本仏教の思想全体に通ずる共通語である。しかし親鸞の仏教と共に、この重要な自然という原理に、それ以前には充分自覚されなかった新しい性格が加わって来たと思われる。それは一言で云えば、自然の原理の内に、それまでのように明るい面だけでなく、同時に暗い側面が発見され、自然という概念が、この両面へ向かって拡大された点である。仏に通じる形相としての自然という思想から、仏に通じると同時にこれに反抗する両面をもった自然という思想への展開と云ってもよい。

すでに述べたように道元は、山川草木の在り方を通して仏道を説いた。そこでは自然の事物の在るがままの姿は、そのまま仏の世界へ直通している。仏の世界へ行く方向と反対の原理は、道元のいう自然には見出せない。それが道元の禅仏教の特徴である。道元の自然とは根本では、仏の光芒をまとって顕現してくるすべての物の明るい形相にほかならない。しかるに親鸞の仏教は、山川草木や花月といった自然物を通して仏法を語ることを一度もしていないのである。これは、親鸞という仏教者が内面に抱いていた深い罪業の自覚のせいである。明るい形相としての自然は、この宗教家にとってはほとんどリアリティを持たなかったかのようである。親鸞が受けとめた自然は、明るい形をとる以前の力動性とか衝動性とでも云うべきものである。しかもその力動性には、形相の次元へあらわれてくる肯定的な方向と共に、反対に形相をとることをたえず拒むような否定的な方向がふくまれている。そういう肯定面と否定面、光と闇とを一つにしているような自然は、いかなる仕方においても、われわれの向こう側にある客体的な形として眺めることはできない。親鸞以前の日本仏教が説いた観想の対象となりえないものである。われわれの実存そのものの自覚、いわば内臓をもって感応するほかない深淵的な内的自然である。

親鸞が如来の本願力と呼んだところのものは、このような力動的自然の肯定面であり、煩悩と呼んだところのものはその否定面ということができる。親鸞はわれわれの煩悩や罪とこれを救う仏との両方をしばしば「海」のメタファーで云いあらわしている。煩悩とは人間存在のいとなみとか性質のことではなく、むしろ人間存在そのものがその中にあるところの底なき場所のことである。われわれの内に煩悩があるというよりも、むしろ煩悩の内にわれわれがある。煩悩はいつもわれわれの存在に先行する。親鸞の海のメタファーはまず、われわれの存在そのものの無底の場としてのこの煩悩のあり方を表現している。「一切群生海」「無明海」「衆生海」「愚痴海」「生死海」「愛欲の広海」などの語がそれである。しかしそれと同時に、このような無明煩悩の海の中に沈没している衆生を、そのままで救済する如来の力もまた海のメタファーで云われているのである。「本願海」「智願海」「功徳大宝海」等の語はいずれも、煩悩海をそのままで悟りや涅槃へと転じるダイナミックなはたらく自然としての仏力にほかならない。如来の本願海は、煩悩の生死海と別なところにあるのではなく、生死海が転じられたところのものが本願海なのである。われわれが自力をたのんで煩悩の海から脱出しようとするかぎり、われわれを底なきところに引き込む、その同じ海が、自力のはからいを捨てると、不思議にもわれわれを浮かばせる如来の本願海に転ずる。親鸞の自然の概念の核心は、この不思議な転回の力にあるように思われる。そのことを親鸞のテキストに即してたどってみよう。

二

「自然《じねん》」という言葉において問題になるのは、「然」よりも「自」ということとの意味である。「自」という語は「みずから」と「おのずから」という両方の意味をもっている。そういう語義そのものにまでもどって、自然というものの核心を明らかにしようとする態度は、とくに晩年の親鸞の著作に見られる。たとえばつぎのような文章である。

自はみづからといふなり。弥陀《みだ》無数《むしゅ》の化物《けぶつ》・無数の化観世音・化大勢至《けだいせいし》等の無量無数の聖衆、みづからつねにときをきらはず、ところをへだてず、真実信心をえたるひとにそひたまひてまもりたまふゆへに、みづからとまふすなり。また自はおのづからといふ。おのづからといふは自然といふ。自然といふはしからしむといふ。しからしむといふは、行者のはじめてともかくもはからはざるに、過去・今生・未来の一切のつみを転ず。転ずといふは、善とかへなすをいふなり。もとめざるに一切の功徳善根を仏のちかひを信ずる人にえしむるがゆへに、しからしむといふ。はじめてはからはざれば、自然といふなり。(1)

（『唯信鈔文意』、傍点筆者）

これは唐の法照の著『五会法事讃』に出てくる「観音勢至自来迎」という句の解釈を通して、如来の本願による救済が自然という仕方で起こることを説いた一節であるが、「自」が「みずから」と「おのずから」という両方の意味をもつことに言及している。ところで、「みづから」というあり方は、如来の側に属せしめられている。如来の本願力によるわれわれ衆生の救済は、まったく如来みずからの思い立ちによることであって、救われたいと思う衆生の側の思い立ちによるものではないということである。「みづから」とは、如来の自由と自主を意味するのである。この如来の側の「みづから」を衆生の側から云うと「おのづから」というあり方になる。本願力に救われることには、衆生の側の自由意志は微塵も加わらない。「行者のはじめてともかくもはからはざるに」とか「もとめざるに」という言葉は、そのことを云ったのである。それゆえ、この文章では、「みずから」と「おのずから」とは、同じ一つの事態を表と裏から云ったものである。あるいはそういう事態を周辺から見ている云い方であって、その事態そのものの中心から見ている云い方とは云えない。「みずから」もしくは「おのずから」と表現される事態そのものの直接表現とは何であろうか。

自然といふは、自はおのづからといふ、行者のはからひにあらず、然といふはしからしむといふことばなり。しからしむといふは、行者のはからひにあらず、如来のちかひにてあるがゆへに法爾といふ。……自然といふは、もとよりしからしむるといふことばなり。弥陀仏の御ちかひの、もとより行者のはからひにあらずして、南無阿弥陀仏とたのませたまひてむかへんと、はからはせたまひたるによりて、行者のよからんとも、あしからんともおもはぬを、自然とはまふすぞとききてさふらふ。ちかひのやうは、無上仏にならしめんとちかひたまへるなり。無上仏とまふすは、かたちもなくまします。かたちもましまさぬゆへに自然とはまふすなり。かたちましますとしめすときには、無上涅槃とはまふさず。かたちもましまさぬやうをしらせんとて、はじめて弥陀仏とまふすとぞききならひてさふらふ。弥陀仏は、自然のやうをしらせんれうなり。[2]

（『末燈鈔』傍点筆者）

これは正嘉二年十二月十四日、八十六歳の親鸞の有名な手紙の文章である。ここでは弥陀の本願そのものの構造としての自然が語られ、それは「もとよりしからしむ」という意味だと云われている。これはさきの『唯信鈔文意』の場合よりも、一歩深まった自然の解明であると思われる。『唯信鈔文意』において明らかにされたのは、弥陀の誓願（本願）によるわれわれの救われ方が、「おのづから」という意味での自然だということであった。しかるにここでは、そういう救いをもたらすところの本願そのものの本質に、「もとよりしからしむ」という意味での自然が目撃されているわけである。すなわち、「おのずから」をして「おのずから」たらしめるゆえんのものは「もとよりしからしむる」という事態だという考え方である。如来の本願は、あらゆる物や事柄に先行するところの始めもしくは根源から発している。そういう根源から発するということが、自然ということの本来の意味だという親鸞の考え方がここにあらわれている。自然とは根源的なもののあらわれに他ならない。自然ということが、根源という概念とのつながりで理解されているところに、親鸞の思想の著しい特徴があるように思われる。日本仏教に共通の自然の原理は、親鸞においてはじめて、世界と人間をふくめた、すべての事柄の根源という概念と結びついたのである。物事の自然を感得するということは、物事の根源を感得するということにほかならない。如来の本願というものについての親鸞の思索は、一貫してそういう視点に立って遂行されているようである。

三

『教行信証』の信巻において親鸞は、阿弥陀如来の本願というものが起こった「もと」（根源）というものへの問いを出している。むろん、如来の本願は、すべての事柄の根源であるから、そういう本願のもとは、もはやないとも云える。しかし、一般に物の根源とか始めとか云われるものは、一つの二重性をふくんでいる。たとえば、水の源というものは、一方から云えば、水の源として最初の水であるから、それ以後のすべての水につながり、それらと同じ領域に属している。しかし他方から云うと、水の源として、そこから水がはじめて水になるところであるから、それ自体としては水の領域に属さず、まだ水ではない。水源というものは、水であると同時に水でないという両面にまたがったところである。

そういう二重の構造をもったところが水源であり、それがないと水というものは成り立たないわけである。すべての事柄の基礎である宗教的世界においては、根源というもののもつ、この二重性は最も鋭い形であらわれざるをえない。親鸞はすでに成就された本願の形を問うのではなく、本願そのものの発生の現場にまで溯って問うのである。生成された本願ではなく、生成する本願の姿を明らかにすることが、本願の根源への問いである。『教行信証』は、この問いとこれに対する答えをつぎのように記している。

愚悪の衆生のために、阿弥陀如来、すでに三心の願をおこしたまへり。いかんが思惟せんや[3]。

答ふ。仏意はかりがたし。しかりといへども、ひそかにこのこころを推《すい》するに、一切の群生海、無始よりこのかた、乃至《ないし》今日今時にいたるまで、穢悪汚染《えあくわぜん》にして清浄の心《しん》なし。虚假諂偽《こけてんぎ》にして真実の心なし。ここをもて、如来、一切苦悩の衆生海を悲憫《ひみん》して、不可思議兆載《ちょうさい》永劫にをいて、菩薩の行を行じたまひしとき、三業の所修、一念一刹那も清浄ならざることなし。真心ならざることなし。如来、清浄の真心をもて、円融無碍不可思議不可称不可説の至徳を成就したまへり。如来の至心をもて、諸有の一切煩悩・悪業・邪智の群生海に廻施《えせ》したまへり。すなはちこれ利他の真心をあらはす。かるがゆへに疑蓋《ぎがい》まじはることなし。この至心は、すなはちこれ至徳の尊号をその体とせるなり。

これは『大無量寿経』のはじめに、阿弥陀如来がまだ如来でなかった因位の時、法蔵菩薩として、一切群生海を救済しようという願を立て、無限の時間にわたる思惟と修行のはてに、ついにその本願を成就して（衆生を救済しうる方法を発見して）、正覚の阿弥陀如来、すなわち南無阿弥陀仏の名号となったという風に、過去世に起こった物語の形で説かれている事柄を解読した親鸞の言葉である。そもそも如来はなぜ本願をおこしたのか。この問いは、帰結に対する理由（ratio）を求めるというような論理学上の問いではない。そういう理由以前の実在根拠（Realgrund）にまでつっ込んでゆく問いである。「仏意はかりがたし、しかりといへども、ひそかにそのこころを推するに」という一節に、この問いが論理の問いではなく、生命そのものの問いであることが示されている。自分自身がその問いになり切ってしまわないと、決して答えが見つからないような性質の問いである。親鸞はそういう実存の問いを問うことによって、自己自身の生の根底にある一つの原始事実、生命そのものの現実のあり方の中に、その答えを発見する。

如来の本願はいったいどこから起こったか。一切群生海、つまりわれわれをふくむ全衆生海には、もともと真実と清浄は微塵もないという事実からだ、というのが親鸞の発見した答えである。それゆえこの答えは、論理的な理由ではない。むしろ、いかなる理由づけも要らないような、生命そのものの原本的な事実である。人間が求める一切の理由は、この単純な事実の中に呑み込まれてしまう。およそ理由づけというようなものを無力にしてしまうような原始事実の承認である。しかし、いったい一切群生海に真実がないということは、いかなる意味であろうか。

一切群生海とは、一切の生きとし生けるもの、形態や個体となった生命が、そこに根をおろしているような世界である。現にこの人間としての種や個体となったわれわれの存在もまた、その世界に根をおろしている。それは、意識的存在としてのわれわれ以前のわれわれだと云ってもよい。そういう一切群生海に真実がないということは何を云うのだろうか。それは、一切群生海という存在そのものが一つの問いをもった存在だということに他ならない。真実がないとは、何ものもないということではない。一切群生海は一つの問いとして存在するのである。もちろん、その問いは明確な対象や内容をもった問いではない。誰に何を問うてよいかもわからないような問いである。それでも何かを問い、何かを願い求めている。志向する方向が定まっていないかぎり、それは一つの迷いであり、苦悩の姿である。しかし、その迷いや苦悩そのものが一つの問いの姿、盲目的な衝動としての問いなのである。如来の本願というものが衆生に対して出現する以前に、そういう盲目的で根源的な問いが、衆生の存在としてある。衆生の側にはじめにある、このような根源的な問い求めや盲目的な願望が、一切群生海という沸騰し、激動する暗黒の海のメタファーで捉えられているわけである。

如来をまだ知らないこの群生海の問いと願いを知り、これに対する答えとして出現したのが、如来の本願である。それは法蔵菩薩という名をもって呼ばれている。一切群生海はみずからの苦しみをそれと知ることなく苦しみ、みずからの問いをそれと知ることなく問い、みずからの願いをそれと知ることなく願っている。そのことを因位の如来としての菩薩が知るのである。この場合の知るとは、一切群生海の苦しみを菩薩が自分自身の苦しみとして苦しむことにほかならない。菩薩が自分というものを捨てて、群生海の苦になり切ってしまうことが菩薩の知り方である。「ここをもて、如来、一切苦悩の衆生海を悲憫して」ということは、菩薩自身が衆生の苦悩を身をもって経験するという仕方で、これを知ったことを意味する。

しかるに、衆生の苦が菩薩自身の苦となったということは同時に、その苦を超える道を発見したことである。つまり、法蔵菩薩が本願を成就して阿弥陀如来の正覚を開いたことである。それにつづく文章、「如来、清浄の真心をもて、円融無碍不可思議不可説の至徳を成就したまへり。如来の至心をもて、諸《しょ》有《う》の一切煩悩、悪業・邪智の群生海に廻施したまへり」は、そのことを云うのである。それゆえ、如来の本願の中には、衆生の暗黒の煩悩、盲目的な願望が、何一つ排除されることなく、そっくりそのままで取り入れられていることになる。本願海の質料は群生海の煩悩の水以外にはない。衆生海の濁水をあますところなくふくんでいるから、本願海と云われるのである。法蔵菩薩が光明の如来に成った道は、群生海の暗黒の深底をくぐり抜けているのである。煩悩の衆生になり切って、これを超えて包んだことが、如来の正覚にほかならない。因位の如来による群生海のこの脱底的超越の出来事を親鸞は『正像末和讃』の一首につぎのように詠じている。

如来の作願をたづぬれば
苦悩の有情《うじょう》〔衆生〕をすてずして
廻向《えこう》を首としたまひて
大悲心をば成就せり(4)

いままで見てきたことは、如来が如来に成るまでの超時間的な生成の歴程である。それは如来それ自身のもつ超越論的過去、如来の前史（Vorgeschichte）とでもいうべきものである。ところで今や、法蔵菩薩の本願は成就し、それは南無阿弥陀仏の名号となって、衆生に呼びかけている。如来はたんに沈黙した客体ではない。自己自身の名を名乗るところに如来がある。そうして、如来が自己を名号として名乗るということは、如来が如来自身が経由した道程の一部始終を衆生に語っているということに他ならない。つまり、成就された本願は、その成就にいたるまでの歴史を消すことなく、それ自身の構造のうちにふくんでいるわけである。本願はそれ自身の来歴を衆生に対して語るものとしてのみ本願である。そして本願が語るこの来歴は、如来の過去であると同時に、われわれ衆生自身の過去でもある。群生海の暗黒が如来の自己否定（悲憫）によって光明に照破され、本願海のうちへ摂取されるという、この超時間的な過去の事件を如来と衆生とは共有しているのである。ただ、如来の方はそのことをよく知っているのに対して、われわれ衆生の方は知らない。衆生に対して呼びかける本願の言葉としての名号を聞くことによって衆生ははじめて、そういう自己の遥かな来歴を知らされるのである。

あたかも深い眠りの中にあった者が、誰かに呼び起こされて、ふと眠りから目覚め、自分が眠っていたあいだに一命を救われたことを知らされたようなものである。全身麻酔の状態で長時間にわたる危険な外科手術を受けた患者が、医師に名前を呼ばれてベッドの上で意識をとりもどし、その手術が無事終わったことを聞かされた場合にたとえてもよい。南無阿弥陀の名号は、衆生を永劫にわたる煩悩の夢から覚醒させる如来の呼びかけである。そこに、語りかける如来と、その語りかけを聞く衆生との関係が生まれる。衆生が如来の救いを信ずるということは、如来の呼び声を聞くこと以外にはない。呼び声を聞くことが、如来に従うという他力の信心である。「帰命とは本願招喚の勅命なり」といわれるゆえんである（『教行信証』）。

「もとよりしからしむる」という自然法爾の原理は、親鸞の浄土真宗の地平を始めから終りまで貫いている。まず、本願の成就が、衆生への語りかけの言葉、名号という形になるということが自然である。なぜなら、すでに見たように、如来の本願は、一切衆生のさまざまな願いというものを聞きとった願いであるから、はじめから衆生の願いというものを、その内にふくんでいる。つまり、本願の内部構造自身が衆生の方向に向かっているわけである。本願の構造そのものの内に潜在しているこのような原始関係が顕現したものが、衆生に対して自己を告げるところの名号にほかならない。だから本願が名号になるのは自然である。

第二に、その本願の名乗りを聞き、これに応答することとしての衆生の信心と称名念仏もまた自然におこる。信心は人間の側の決意や、努力や、能力、つまり自力によっておこすことはできない。それはおこすものではなく、おこるものなのである。『歎異抄』の冒頭にあるつぎの有名な文章にも、そのことが云われている。

> 弥陀の誓願不思議にたすけられまいらせて、往生をばとぐるなりと信じて念仏まふさんとおもひたつこころのおこるとき、すなはち摂取不捨の利益にあづけしめたまふなり(5)。

親鸞は「念仏まふさんとおもひたつとき」とは云っていない。「念仏まふさんとおもひたつこころのおこるとき」と云うのである。念仏申さんと思い立つ心が信心ではない。その心が自然に起こるところが信心である。思い立つのは衆生であっても、「おもひたつ心」そのものは、衆生の自力によっては、生み出すことはできない。それは、如来のはからいによって、如来の側から廻向されるのである。救済は如来の仕事であるにしても、信心はあくまでも衆生の側の意志の決断にまかせられているというような普通の考え方ではない。信心は人間の自由意志によって起こるものではなく、自然に起こるものであるということが重要である。「この信心のおこることも釈迦の慈父・弥陀の悲母の方便《ほうべん》によりておこるなり」(『唯心鈔文意』)。「釈迦弥陀は慈悲の父母　種々に善巧《ぜんぎょう》方便し　われらが無上の信心を　発起せしめたまひけり」(『高僧和讃』)。

第三には、本願を信じた衆生が、如来の浄土に往生して、如来と等しい正覚のさとりを開き、如来に成るということが自然である。往生成仏は、偶然や奇蹟でもなければ、人格的な超越者の全能の意志にもとづく恩寵でもない。偶然や意志には、自然法則からの離脱がふくまれているが、往生成仏はむしろ一つの根源的な自然法則に従って起こる出来事なのである。だから親鸞は云う。「如来の本願を信じて一念するに、かならずもとめざるに無上の功徳をえしめ、しらざるに広大の利益をうるなり。自然にさまざまのさとりをすなはちひらく法則なり。法則といふは、はじめて行者のはからひにあらず、もとより不可思議の利益にあづかること、自然のありさまとまふすことをしらしむるを法則とはいふなり(6)」(『一念多念文意』)。ここで云われる「法則」とは、それに従うときにはじめてあらわれてくるような法則のことである。対象的にまず法則があって、つぎに人間や物体がそれに従うという意味ではない。カント哲学がいう自然法則はもとより道徳法則さえどこか対象的な性格が見られる。自然法則は必然(müssen)であり、道徳法則は意志に当為(sollen)を命ずる。どちらの場合にも、おのずからという意味での自然の性格は見られない。対象的に固定化して考えられた法則だからである。「真実信をえたる人は、大願業力《だいがんごうりき》のゆへに、自然に浄土の業因《ごういん》たがはずして、かの業力《ごうりき》にひかるるゆへにゆきやすく、無上大涅槃にのぼるにきわまりなしとのたまへる也。他力の至心信楽《ししんしんぎょう》の業因の自然にひくなり。これを牽《けん》といふ也。自然といふは、行者のはからひにあらずとなり(7)」(『尊号真像銘文』)。

第四に、衆生が往生する浄土それ自身が自然であり、衆生がそれに成るところの如来そのものが「無上仏」という自然である。浄土が自然という性格をもっているということは、いかなる意味であろうか。それは浄土はいかなる形相をもたないということである。それはプラトン哲学が説くような感性界に対する叡智界、地上的世界に対する彼岸の世界、原始宗教のいう死後の他界といった形相では考えることができない。形相をもったものは、どうしても志向的対象として未来に定立されることになるが、浄土は形相がないから未来的とは云えない。浄土は、如来の願力によって、すでに建立されてあり、われわれはその浄土によって、もともと待たれているのである。それゆえ、往生するということは、遠い未知の他界へ行くということではなく、われわれが生まれる以前のもともとの世界へ還ってゆくことに他ならない。だから親鸞は、往生成仏のことを「法性のみやこへかへる」と云うのである。

願海にいりぬるによりて、かならず大涅槃にいたるを、法性のみやこへかへるとまふすなり。法性のみやこといふは、法身とまふす如来のさとりを自然にひらくときを、みやこへかへるといふなり。(8)（『唯信鈔文意』）

衆生が自然にそこへ還ってゆくところのこのような法性の世界が無上仏と云われる。無上仏ということは、仏にはいかなる形もないということである。それは人格、精神、意志、理性、力その他いかなる述語でもってしても限定することはできない。

無上仏とまふすは、かたちもなくまします。かたちもましまさぬゆへに自然とはまふすなり。……かたちもましまさぬやうをしらせんとて、はじめて弥陀仏とまふすとぞききならひてさふらふ。弥陀仏は自然のやうをしらせんれう〔料、方法、手段の意〕なり。(9)（『末燈鈔』）

無上仏には形相がないといっても、無相なるものとしてそれを表象すれば、ふたたび無上仏でなくなってしまう。それはやはり一つの形相にすぎないからである。そうすると真の無相は、むしろつねに、形に即して、形の外にあふれ出るようなものとしてのみ出逢えるのだということになる。弥陀仏という形そのものが無相の仏を指示しているのである。弥陀仏の形をあるがままに、つまり、はからいを捨てて、受け入れたとき、そこに同時に無相が与えられている。阿弥陀仏の形は、無相の自然を知らせる「れう」であるというのは、そういう意味だと思われる。

そうするならば、「もとよりしからしむる」という本願力の自然を衆生が受け入れるところの信心は、衆生が衆生であることをやめて、何か別なものになるということではない。むしろ衆生が衆生であることの本来の姿、もともとのところへ、もう一度立ち帰るということに他ならない。衆生が衆生であるもともとの姿とは、いうまでもなく無明煩悩ということである。ところが、通常はこの無明煩悩には衆生の不自然なはからいが加わっているわけである。無明煩悩の衆生であることを承認しようとしないのが、通常の衆生のあり方である。衆生は自己自身のあるがままの姿に反抗しているのである。如来の本願を信じるということは、そういう不自然なはからいを捨てて、自己が煩悩の凡夫以外の何ものでもないという、もともとの姿に還ることにほかならない。なぜなら、如来の本願は、そういう煩悩の衆生をそのままで救おうという本願だからである。それゆえ、衆生は自らの暗黒を知らされるという仕方で、如来の光明に出逢うのである。それは、われわれの自然であるところの煩悩のもう一つ底にはたらくところの、根源的で大いなる自然の次元に出逢うことにほかならない。

四

近代西欧の哲学思想のなかで、神や宗教の問題の核心に、自然というものを発見したのは『人間的自由の本質』（一八〇九）を書いたシェリングである。シェリングの哲学は、初期の頃から自然を重要なテーマとしていたが、この『自由論』にいたって、それまでの自分の「自然哲学」にはなかったような独自な自然の概念に到達している。それは、すべてのものの始めとされる神それ自身が、そこから生まれるような根底としての自然である。そういう自然をシェリングは「神の内なる自然」（Natur in Gott）と呼ぶ。シェリングがこの書において問題にしたことは、デカルト以来の全近世哲学、フィヒテが代表する自己意識の観念論や、これと反対のスピノザ的な実在論においても解決できていない神と個物の実在や人間的自由との連関の問題である。それは、神という絶対的な一者を認めながら、同時にこれから独立な人間の自由、すなわち善と悪との可能性をふくむ根源的自由が考えられうるような地平をいかにして見出すかということである。そのためにシェリングは、キリスト教的な人格神の観念以前のところへ戻ろうとするのである。それは、人格神と、それによって創造された被造物が共にそこに由来するような暗い根底としての「神の内なる自然」である。ドイツ・ルネサンス期の神秘家ヤコブ・ベーメの先蹤に従ったこの思想は、西欧思想圏にあっては特異なものであるが、すでに見た法蔵菩薩から阿弥陀仏への生成の思想とはむしろいくつかの類似点をもつように思われる。

シェリングによれば、すべての生きたもの、現実的な実存は、それ自身の根底（Grund）をもたねばならない。根底というのは、論理的根據、理由のことではなく、実在的な基底（Basis）という意味である。神の実存の場合も例外ではない。シェリングは云う。

> すべての実存は、それが実際の、すなわち人格的な実存たらんがためには、或る制約を必要とする。神の実存といへども、かかるものなしには人格的たりえないであろう。ただ、神はこの制約を自己の外にではなく自己の内にもつのである。神は制約を廃棄することはできない。そんなことをしたら、神は自己自身を廃棄せねばならないからである。神は制約を愛によって克服し、自己に従属させ、自己の栄光の顕示に役立たしめうるだけである。(10)

神の実存のこの制約もしくは根底が「神の内なる自然」である。それは「神自身の内にあって、しかも神そのものではないところのもの」と定義される。神が神であるという自己同一がたんに空虚な類語反復でなく、生きてはたらく人格たりうるためには、神は一つの自己否定を必要とするのである。神の内なる自然は、神そのものではないが、神が自己自身を否定した姿であるから、それもやはり神であるということができる。云いかえると、絶対的な一者としての神は、神そのもの（精神）とその根底としての自然という二つの側面をもつわけである。神は最初から神であるのではなく、自己の暗き根底から出発して精神としての神にまで発展する。生成発展する神という考えがシェリングの根本思想である。

神の内なる自然はまた「永遠なる一者が自己自身を産まんとして感ずる憧憬（Sehnsucht）」であると云われている。それは神そのもの、すなわち底知れない統一を産もうとする意志であるけれども、まだそこには統一はない。それは悟性（Verstand）をふくんだ意識的な意志ではなく、予感する盲目的な意志である。明確な対象に向かっていない、この暗き根底の意志によって悟性が予感され、憧憬されているのである。シェリングはこのような神の内なる自然をプラトンが『ティマイオス』の中で語った質料と同様に、自分もまだ知らない悟性に向かって盲目的にうねり、「波立ち沸《わ》きかえる海原」のメタファーで捉えている。それは、永遠なる精神としての神が、真の神として現われるための根本条件であると同時に、神の自己顕示としての万物の創造がそこでおこなわれるところの場所でもある。被造物はすべて、この暗き根底から上ってくる。意識をもった自由な精神としての人間存在の根元もまたそこにあるのである。

ところで、この神の内なる自然すなわち憧憬に対応して、これと別に、神そのものの内に一つの内的な反射的な表象が生産される。神は一つの写像(Ebenbild)において、あたかも鏡に映して自分の姿を見るように、神自身を見るのである。それゆえ、この表象もしくは写像は、神の内に産み出された神自身であり、神の内において(自然の内においてではなく)現実化された最初のものである。それは悟性とも「憧憬の言葉」とも云われている。つまり、神の内なる自然とは、このような神の写像、つまり言葉を、自己自身の内に捕捉し、これを産まんとする憧憬なのである。それゆえ、憧憬と神の写像(悟性もしくは言葉)との関係は、大地と植物の種子、母胎と精子との関係にたとえられてよい。

しかるに、この暗き自然の憧憬の動きと、神そのものの内に産み出された言葉(悟性)の両方は、永遠なる精神である神によって感じられている。それゆえ神は、この両者を合一させようとして、自己の内に産み出されてある言葉を実際に発言し、写像を暗い憧憬の中へ定立することになる。そのことをシェリングは、つぎのように記している。

そして、自己の内なる言葉を、また同時に無限なる憧憬を感じる永遠なる精神は、その言葉を発し、その結果いまや悟性は、憧憬と相合して、自由に創造する全能なる意志となり、元初には無規則であった自然を自分の固有の領分もしくは道具として、その内に形像作用をおこなうのである。[11]

これが神の自己顕示の作用としての創造の第一段階、つまり人間をふくめた全自然界の創造である。[12] それは、悟性がその写像によって憧憬を統一することである。逆にいうと、憧憬の暗き自然の内に隠されていた統一が呼びさまされることである。すなわち、発言された言葉（写像）は、いったん自然根底の最内奥にまで沈み入って、そこから自然の諸々の力（Kraft）を分開するという仕方で、再び元の明るみの次元にまで昇ってくるのである。ところで、その場合シェリングが強調することは、憧憬がおこなうところの抵抗と反作用である。つまり、憧憬は自らの暗き根底に入って来た悟性の光を、あくまでも自らの内に確保しようとして、自己自身の内へ閉じこもろうとするのである。悟性と別にあったときには、たんに沸きかえる暗き海原であったものが、悟性に激発されたとたんに、すべてを海底に引きずり込もうとする渦流に変ずるようなものである。それゆえ、神の創造作用は、憧憬のこの反作用との闘いを通して段階的に展開されてゆく。暗黒の自然根底の内にふくまれていた諸力がだんだんに分開され、そこに隠されていた神の言葉があらわになる程度に応じて、いろいろな被造物が発生してくる。その最終の段階が人間である。

人間においてはじめて、原自然の最も深い中心部が悟性の光の中へ出るのである。光の中へ完全に出たところの被造物が精神（Geist）である。

人間は根底から発源してきたこと（被造物であること）によって、神に対して独立なる一つの原理をふくんでいる。しかし、まさにこの原理が光に変貌されることによって――だからと言って、それが根底よりすれば暗いものであることには変りないが――人間のうちに同時に或る一層高いものが、すなわち精神が昇ってくる。(13)

つまり、根底に由来するすべての被造物は二重の原理をもっている。第一の原理は、彼等を神から区別して、たんなる根底のうちにとどまらしめるゆえんの原理、すなわち被造物の我意（Eigenwille）もしくは我性（Selbstheit）であり、第二の原理は根底の闇の中へ入って来た悟性の普遍意志（Universalwille）である。そして人間以外の被造物においては、第一の原理の方が第二の原理よりも優勢であるため、両者の関係は一定不変の統一、いわば不完全な統一にとどまる。これに対して人間において、この統一は完全なものとなる。完全な統一とは、その統一関係を破る可能性をふくんだ統一という意味である。それが精神としての被造物であるところの人間存在のあり方である。人間の意志のうちで、精神となった我性の原理は悟性の原理の上に出て、これを支配しようとするのであり、これが悪である。それゆえ、人間の精神はこのような自由を入手することによって、善と悪への可能性の分岐点の頂上に立たされるのである。もちろん、その悪が現実性になるのは、あくまでも人間の自己決定の行為によるものであって、シェリングはこれを創造作用と同時になされた人間の元初的行（anfängliche Tat）と呼んでいる。この時間的な現在の生に先行する超時間的な生における人間の自己決定として、いわゆる原罪や根源悪と云われるものがこれである。しかし、悪の可能性そのものは、人間がそこから人間にまで昇って来たところ、つまり暗き自然根底の反作用にあるわけである。シェリングは、「神の内なる自然」のこの反作用と抵抗を、神の愛が顕示されるために不可欠な制約と考えた。愛の意志はこれに反抗する根底の意志との闘争を通してはじめて、力ある現実性となることができる。神は決して悪を欲しないが、愛を欲するために、自らの意志に反抗する根底の意志を許さねばならないというのである。

> 精神としての神は最も純粋なる愛である。しかし愛のうちには決して悪への意志はありえない。しかし神自身は、存在しえんがためには或る根底を必要とし、また神そのものに属しながら、しかも神と異なるような或る自然をふくんでいるのである。愛の意志と根底の意志とは二つの異なった意志であり、おのおのはそれ自身としてある。しかし愛の意志は根底の意志に抗うこともできないし、それを廃棄することもできない。……というのは、愛が存在しうるためには根底がはたらかねばならず、また愛が実際に（reell）実在するためには、根底が愛とは独立にはたらかねばならないからである。しかるに、もし愛が根底の意志を破砕しようと欲するならば、それは自己自身と抗争し、自己自身と不統一になり、かくしてもはや愛でなくなるだろう。同様にまた根底の意志の方も、愛を破砕することはできず、またしようとも望まない。なんとなれば、根底が愛に背を向けて、独自且つ特殊な意志とならねばならないわけは、やがて愛がそれでもなおその根底を通して、光が闇を通してのごとく発現してくるとき、その全能の姿において現われんがためである。(14)

五

以上のようなシェリングの『自由論』における思想は、絶対者と現実世界や人間的自由との関係を解明するために、一つの根源的自然という概念を基礎に置いている点で、親鸞の浄土教と共通したところがある。親鸞における「一切群生海」「無明海」「煩悩海」とシェリングの「神の内なる自然」とは、共に、そういう根源的な原始自然という性格をもっている。人間をふくめた一切の存在者が抱えている問題性が発生してくる始元が、これらの言葉によって云われているわけである。つまり「一切群生海」も「神の内なる自然」も人間がそこから救出さるべき罪悪の最後の根ともいうべき暗き世界である。意識をもったわれわれの現存在の根底に、そういう意識以前の深淵的な世界を考え、そこまで立ち戻って人間の問題の解決を模索している点で、二人の思想家はよく似ている。故にシェリングの立場は、神と人間との関係を考える場合の通常のキリスト教的思想の構図をはみ出すところがある。

しかしながら、シェリングの思想は、その到達点になると、キリスト教的な性格をあらわにして来て、そこに親鸞の立場との際立った相違を示してくる。というのは、シェリングの「神の内なる自然」は、人格的な愛の神にとって不可欠の条件であるとはいえ、神の自己顕示の最終点においては、結局は克服され、滅されるべきものと考えられているからである。愛の神は、暗黒の自然根底を克服するという仕方で自己を示す。それゆえ神は決して自然ではなくて自然以上の意志である。ここに、一切群生海を救うところの如来の本願海それ自身を自然と見る親鸞の思想との違いがある。親鸞の思想が、自然から出て自然へ還ってゆく形をとるのに対して、シェリングの場合は、自然を通って自然以上のところへ行くという形である。しかし、このような終局点に出てくる相違は、実は始めから潜在していたと云うことができるであろう。そのことを示すものが、シェリングの元底（Urgrund）もしくは無底（Ungrund）という原理である。

シェリングは『自由論』の論述の終り近くになってはじめて、実存する神とその根底としての神の内なる自然との対立以前にある原理を提出して、これについてつぎのように云っている。

すべての根底の以前に、またすべての実存するものの以前に、それゆえ一般にすべての二元性の以前に、一つの存在者がなければならない。われわれはこれを元底あるいはむしろ無底と呼ぶ以外になんと呼べるだろうか。[15]

『自由論』の論述の最初のところではたんに、「永遠の一者」とだけ呼ばれて、その構造分析がなされていなかった形而上学的な根本原理が、ここで問題になってくるわけである。この根元存在は、すべての対立というものに先行している次元であるから、二つの対立するものの同一性（Identität）としては云いあらわすことはできない。同一性は対立というものを前提して、それが統一された状態であり、いわば対立以後の次元の表現である。しかしまた、対立をその内に潜在的にふくんでいるのでもない。対立を克服したのでもなく、対立の潜在性でもなく、およそ対立というものに対して無関心であり、対立から離れているという意味での無差別（Indifferenz）が無底についての唯一の規定である。無底についてはいかなる述語も不可能であるが、そうかといってたんに何も無いということではない。そこからすべてが始まるところ、一切の対立の底無き底を云わんとするのである。しかしこの無底はおよそ対立に無関心であるから、二つの原理（実存する神とその根底）が、それぞれだけで別々にあること、つまり対立ではなく分立していることを妨げるものではない。それゆえ、無差別の無底こそかえって、二元性というものを直接に可能にするのである。「あれでもない――これでもない（Weder-noch）」から直ちに二元性が生じてくる(16)」。云いかえると、無底が無底たりうるのは、かえってそれが二つの同様に永遠なる元初に分岐することによってである。かくして無底は、神の内なる自然という「根底の意志」と実存する神の「愛の意志」とに分岐すると云われる。

ここにシェリングの体系の第一原理としての無底が、実は一つの意志という本性をもっていることが露出している。なぜなら、根底の意志と愛の意志という二つの意志に分かれるところのものは、それ自身意志以外ではありえないからである。意志は意志以外にその源をもつことはできない。意志ではないような状態がまずあって、そこから流出するようなものは意志ではない。意志のみが意志の源泉である。意志は意志自身を欲するのである。それゆえ、根底の意志と愛の意志への分裂は、原始意志としての無底によって欲せられたのである。つぎの文章は、シェリングの思想のもつ強い主意主義的性格をよく物語っている。

最後のまた最高のところから判定すれば、意欲よりほかの存在は何もない。意欲が根元存在である（Wollen ist Ursein）。そして意欲にのみ根元存在のすべての述語、すなわち脱底性（Grundlosigkeit）、永遠性、時間からの独立、自己肯定が妥当する。哲学全般はただこの最高の表現を見出すことに向って努力するのである(17)。

神の自己顕示のプロセスは、このような無差別としての無底から出現した二つの原理の対立が、愛によって克服されることへの道である。云いかえると、最初は無差別としてあった無底が、対立の中を通ってこれを克服して、愛としての無底となることである。つまり、無底が二つに分かれるのは、生きまた愛することが、人格的実存があらんがためである。かくして愛が最終点として目ざされているのである。それでは愛とはそもそも何であろうか。シェリングは愛の概念をつぎのように定義している。

愛があるのは無差別においてでもなく、また結合しなければ存在とはならないような対立者が結合されるところにおいてでもない。そうではなくて、愛の秘義とは、各自が各自だけでも存在しえたであろうが、しかもそうは存在しないで、他者なしには存在しえない、というようなそういうものを結合することなのである[18]。

これは愛という原理のすこぶる意志的な理解である。シェリングにおいては、愛とは二つの存在者の間に流れる自然な関係ではなく、自立的な意志と意志との関係である。愛は意志から出るのであって、愛から意志が出るのではない。意志と意志との関係は本質的に抗争と対立をふくんでいる。神の愛がそういう意志の完成態であって、意志の立場そのものを超えた立場として考えられない以上、そういう愛はどうしても対立者の一方を根絶するという形をとらざるをえないだろう。「顕示の終局（Ende）」は善から悪を追放すること、まったき非実在として悪を開明することである[19]」。「悪は永遠に非有のうちへ突き落とされんがためには、善から分かたれねばならない[20]」。シェリングのこれらの言葉は、神的顕示の終局は、一切を自らに服従せしめた神の勝利という意味での愛であることを告げている。

無底が無差別から愛に発展するこのプロセスは、浄土教でいえば、法蔵菩薩が阿弥陀如来に成るという道程である。しかし、それはシェリングがいうような意志の自己実現ではなくて、自然に起こるところのプロセスである。如来の本願海の現成としての衆生救済は、一切群生海の水をすっかり克服して、別の水を作るという仕方で起こるのではない。一切群生海の濁水をそのままにしておいて、これを自らの清浄なる水に転じて一体化してしまうのである。それは克服という意志の行為ではなく、意志の主体というものがない自然の出来事である。この転回のことを親鸞はつぎのように説いている。「転ずといふは、罪を消し失はずして善になすなり。よろづのみづ、大海に入りぬれば、すなはちうしほとなるがごとし」[21](『唯信鈔文意』)。シェリングのいう神の愛が意志から出るのに対して、如来の慈悲は菩薩の願心から生まれる。そういう願心や慈悲という立場に、意志としての愛の原理ではどうしても残ってくる二元対立というものが溶解してゆく自然の消息が見られるように思われる。

(1) 金子大栄編『親鸞著作全集』法藏館、五三八頁。

(2) 同書、五八七頁。

(3) 「三心」というのは『大無量寿経』に説かれた第十八願の中心をなすところの「至心・信楽・欲生」の三心である。親鸞はこの三心のそれぞれについて述べているが、ここでは至心についての論述だけをとりあげる。同書、一〇六頁。

(4) 同書、四四八頁。

(5) 同書、六七四頁。

(6) 同書、五二〇頁。

(7) 同書、四八五頁。

(8) 同書、五四〇頁。

(9) 同書、五八八頁。

(10) Schellings Sämtliche Werke, hg. von Karl Friedlich August Schelling, Stuttgart/Augusburg : Cott, 1856-1861. SW. VII, 399.

(11) SW VII, 361.

(12) シェリングは、これを光の誕生としての「第一の創造」と呼んで、歴史的世界における精神の誕生のことを「第二の創造」と呼んでいる。

(13) SW VII, 363.

(14) SW VII, 375.

(15) SW VII, 406.

(16) SW VII, 407.

(17) SW VII, 350.

(18) SW VII, 408.

(19) SW VII, 405.

(20) SW VII, 404.
(21) 前掲書、五四一頁。

第三章　自然哲学と現代

加藤　尚武

二十世紀は後半の方が面白い。前半は二つの世界戦争で彩られている。前半は近代にはじまった国家主権絶対主義、科学の技術化、文化の世俗化などさまざまの流れが観念的には矮小化されながら現実的には巨大化されたプロセスを示している。二十世紀前半は、十九世紀の後半の思想を読んでおけば、だいたい理解できる。二十世紀の後半になると、社会主義の崩壊、民主主義原理へのゲーム論的な検討、生命科学・情報科学の技術化というような千年単位、百年単位のスケールで「新しい」ことが起こってきている。つまり前半のキイワードは近代化であり、後半のキイワードは近代の否定であると言ってもいい。しかし、近代という尺度そのものを超えるようなことがさりげなく起こっている。たとえば「脳死状態」は人類の経験のなかに皆無である。アリストテレスもデカルトもまったく考えて見なかった事態である。西欧の合理主義の歴史を全部傾けてもはみ出てしまうようなできごとが二十世紀の後半に起こっている。

開いた宇宙から閉じた地球生態系への転換

開いた宇宙から閉じた地球へ、われわれの空間は変わろうとしている。それは同時に開いた進歩の時間から、閉じた定常化への時間の変貌でもあるのだ。

エネルギー資源が有限である以上、無限の永遠の進歩は不可能である。したがって、近代化も社会主義化も歴史の究極の目標ではない。いわゆる「進歩」が地球の寿命を縮めることであるとすれば、進歩を否定するイスラム原理主義も、歴史の時間の把え方としては、きわめて現代的な特質を持つと言えるだろう。イスラム文化にとっては、近代化によって得るものよりも失うものの方が大きいということは、ある面では客観的な真理なのだ。進歩という理念の一義性が失われたとき、近代化も社会主義化も人間の理想とは無縁な世俗的な目標に付けられる看板にすぎない。それよりも石油戦略の方がずっと現実的な力なのだ。

現在という時点でわれわれが繁栄すればするほど未来の人の生活は貧しくてみじめである。現在世代と未来世代がゼロサム関係になっている以上、「未来の人間は常に現在の人間よりも物質的に豊かな生活をするだろう」という進歩の観念は、あまりにも楽観的というよりは、悪質なデマゴギーなのである。開いた系から閉じた系へと、われわれの生存のパラダイムが転換することによって、「進歩」という理念が精神世界から退場する。

われわれの未来にふくらむ夢はない。人類の生存可能性を賭けた、危険で、高度の冷静さを要求される「進歩からの撤退」作戦が待ちかまえている。いますぐ進歩の熱を冷却すれば世界には南北の差別が残ってしまう。開発を急げば自然が破壊され、石油の枯渇が早く近づく。

人口の増大がストップして、エネルギー消費の増大もストップするという「あらゆる外延的な発展の停止」を意味する定常状態を作らなくてはならない。そこに地球のエネルギー・バランスをシフトするという戦略的転換を果たさなくてはならない。

時間はもはや限りない進歩のグラフを乗せる座標ではない。進歩から定常化へのスリリングな転換の作戦表を乗せる有限の場なのだ。その年表は、エネルギー資源の枯渇の日付で明確に限界づけられている。生態系そのものが世代間配分の公正という観点から管理されなくてはならない。

自然の根源的歴史性

かつては科学の輝かしい成果であると讃えられ、新聞でも大きく取り上げられたようなニュースでしまいに話題にもならなくなってしまうという例は多い。メンデレーフが元素の周期律を発見したのが一八六九年であり、これによって宇宙に存在する元素のすべてを含む表ができたと言ってよい。一八七五年にガリウムが発見されたとき、メンデレーフの予言が的中したと人々ははやし立てた。一八八六年にはフッ素が分離され単独でとりだされた。一八九五年にはヘリウムが地球上に存在することが確かめられた。ラジウム、ポロニウムをキュリー夫妻が発見したのが、一八九八年であり、ビッグ・ニュースとなった。二十世紀の前半で自然界に存在する元素の発見は終わって、超ウラン元素が人工的に作られることによって、周期律表の空白が埋められるようになった。一九八四年に一〇八番の元素が合成されたと聞かされても、誰も感動したりはしない。新聞にも小さな記事が出るだけである。一九五三年にワトソンとクリックがDNAの構造として「二重らせん」を発表したことで、生物のなかには、一般の元素とはちがう特別な「生気」が存在するのではないかという「生気説」への期待は最終的に打ち砕かれてしまった。すべての生物は基本的に同じ元素の組み合わせでできているのである。ガリレオ－ガリレイが天体と地上物体の材質は同じだと想定して以来の、全自然世界の質料的等質性という観念が、ここに完成する。

自然科学は、二十世紀の後半になると、未知の要素を発見するのではなくて、既知の要素の複合体の構造を明らかにするという方向になって行く。その頂点に立つのが生命という複合体である。しかし、生命は地球というローカルな地域に発生した歴史的な偶然性をおびた存在であって、宇宙のどこかに「生命」と言えるものがあるとしても、それが地球上の生命と同じである保証はない。

宇宙そのものが歴史的なものとして見られるようになってきている。これはジョージ・ガモフが一九四六年ころから作りはじめた理論で、後に「ビッグ・バン（Big Bang）理論」とニックネームがつけられた。宇宙は高温で高密度の火の玉だった。あまりにも高温で高密の状態では原子核は存在できず、したがって元素は存在しなかった。宇宙は拡大しつづけ、冷えつづけている。

自然のなかに歴史的なものがあるという考え方は、十九世紀では進化論が代表していた。ところがここでは元素は永遠に変わることのない離合集散を繰り返しているが、生物の種はアリストテレスが考えたような「永久不変の種」ではなくて、変化するという理論だったのだから、自然の歴史性は部分的であり、元素は永遠だった。

自然の変化を説明するのに、同一の材料の形を変えるという型が多い。材料は不変で、形が変容する。たとえば宇宙の創造は、神様が粘土をこねるようにして世界を作ったという「造物主」型が世界の神話には多い。ところがユダヤ・キリスト教では、神様が材料そのものを無から作ったという「創造主」型である。

ビッグ・バン理論では、元素が存在しない状態が元素が存在する状態に変わる。無からの創造ではないが、質料そのものの変化を含んでいる。自然哲学の目でビッグバン理論を観察すれば、これは世界の自然哲学史のなかの新顔である。宇宙そのものが、「バーン」という爆発で始まった歴史なのである。

人間が自然に対して抱いていた思いは、次のように表現される。

年々歳々　花　相似たり
年々歳々　人　同じからず

自然は永遠に同じ状態を反復し、人事には同じ事が二度めぐってくることはない。自然は永遠であり、精神は歴史的である。自然は反復し、精神は発展する。——これが自然と歴史に関する、もっとも基本的な観点だった。しかし、今は違う。宇宙そのものが歴史的であり、地球が歴史的であり、地球のなかの生命が歴史的なのである。

歴史の多層性

フランスの歴史家のフェルナン・ブローデルは、歴史を農業などのゆるやかに変わる層、経済などの早く変わる層、政治のように目まぐるしく変わる層という三層に分けたが、これは四層でも五層でもいい。彼は自然そのものが歴史的だという現代物理学とはあまり関係のない人間だから、伝統的な「歴史」の中身を三つに分けて見せたのである。いま、われわれは自然こそが究極的に歴史的であるという自然像に人間の文化の歴史像をつなぎ合わせることができる。

生態系の歴史、森林の歴史、人口の歴史、化石エネルギーの歴史、鉱山の歴史などなど、われわれはさまざまな時間尺度からなりたつ複合体のなかのどこかにいる。土木技術の歴史のなかでは安全率が安定している完成期の近くにいるかもしれないが、医療技術の歴史では、感染病期から成人病期に到達して遺伝病期のはじまりの時期にいる。欧米では政治倫理の青年期にあるかもしれないが、日本を含めてアジアでは政治の倫理性は幼少期にある。

歴史の意味が変わった。歴史という巨大な、押しとどめることのできない進軍の意味を理解することが歴史哲学の目的だとヘーゲルは考えていた。今、歴史がそのようにしゃにむに進むなら、人口が限りなく増大し、エネルギー資源が瞬く間に枯渇するという運命になる。大事なのは歴史の流れを読むことなのではなくて、地球と人間の問題を解決するようなシステムを作ることなのである。今後発生することが予測される環境、資源、南北などの深刻な問題に対して基本的な尺度となるような思想を準備しておく必要がある。

マルクス主義の立場に立つ人々は、生産力が発展すれば価値観が異なって、文化も大きく変わると信じていた。資本主義社会が終焉を迎えれば古い家族文化も変わると信じ、人民公社などを作ったが、中国でも革命はもう二度とやりたくないという気分になっている。経済や政治の発展により、文化も同時代型構造で変わっていくと考えたのが間違いで、実は変わらないものもあったのである。

二十世紀の後半以後の知性の大きな特色は、自然が全体として歴史的なものとして見えてきたということである。十九世紀では、まだ全体としては「自然と東洋の文化は永遠の反復であり、西洋の精神は歴史的に発展する」という見方が支配的だった。

現在の自然観の基本的な特徴は、自然は歴史的であり、時間によってそのあり方が違う、ある時点での偶然的な出来事が後の自然に必然的な影響をもつという点にある。歴史のなかにはさまざまな時間の尺度がある。宇宙全体は何百億年と言うスケールで考えられるだろうし、地球の生態系は何十億年というスケールで考えられる。そのなかに長期的な地質学的な変化もあれば、数百年で変わる生態の変化もある。産業と経済が数十年で変わるとすれば、政治は猫の目のように数年で変わる。

歴史を通じて変わらないものというのは、ある尺度の歴史の変動期間の全体に長期的になりたつものという意味である。

自然の歴史を別枠にして、進歩と成長というトレンドを基にした歴史像では、古代→中世→近世→近代→現代というように世界のすべてが単一の尺度で変化する縦割り型の時間構造が考えられてきた。自然の歴史を含めた現実の歴史は、億年単位の変化、万年単位の変化、千年単位の変化等というような横割り多層型のさまざまの時間尺度の複合体という形をとっている。

二十世紀の発見である自然の歴史性と十九世紀の主題であった文化の歴史性とが、どのような関係に立つかという事が、十九世紀から二十世紀初頭までの歴史哲学とは違う形で再構成されざるをえない。その解答が自然と文化の全ての領域の構造としての歴史の多層性なのである。

破壊する自然と破壊される自然

ひとびとは人間の精神が犯す誤った判断が自然を破壊すると思いこんでいる。病める精神が生ける自然を破壊すると思いこんでいる。しかし、自然が自然を破壊するのでなかったならば、人間精神は自然を破壊することができない。

自然が自然を破壊する可能性というテーゼに対立するのは、自然は自己自身を破壊しないから、人間は本質的には自然を破壊することができないという自然の根源的な自律性という観念である。これについて、二つの考え方がある。第一は、人間が破壊すると思いこんでいることがらは、自然そのものの過程では、それ自体が自然的なのであって、「自然の破壊」という観念は自己矛盾しているというトートロギーである。第二は、自然の自己回復能力は、人間の技術による破壊能力を上回るという（ラブロク流の）自立能力の相対的絶対性という理論である。問題は、このまったく異質、異次元にある自律性のテーゼが、混同されたままで主張されることによって、ベーコンから二十世紀前半までの技術観と癒着してしまう点にある。

ベーコンは「自然は服従することによって征服される」と言った。この言葉は今でも正しい技術の定義である。しかし、神の作った自然に技術は服従するのだから神の作った自然を技術は破壊することができないという結論を導くなら、それはまちがいだろう。

核エネルギーの開発、臓器移植、遺伝子操作、地球の温暖化という四つの事例に含まれる共通の要素は、自然そのものに内在する平衡の限界を人間の技術が破壊することでなりたつ限界打破（Entgrenzen）である。分かりやすく言うと、神様は人間に向かって、「君たちの技術がどんなに発達しても決して外してはならないプロテクトを自然に掛けておくから、このプロテクトは外さない方が君たちにとって幸福だろう」と告知していた。ところが、人間は原子レベルでの物理的な反応の限界、抗体免疫反応という個体維持の限界、遺伝子という種の同一性の保存システムの限界、地球生態系の熱平衡の限界というプロテクトを外す方法を開発してしまった。

なぜそのような限界打破が可能であったのか。歴史的に形成されてきた自然は、要素の組み合わせからなりたつ自然によって、その歴史的かつ内在的な限界が破壊されることによって、破壊される。歴史的に形成されてきた自然はまた同時に人間の文化と習慣という歴史性とも密着しているので、自然破壊は一種の文化的な価値の破壊ともなる。

生命領域の技術化

技術によって拡張される人間の可能性のなかには、従来の倫理観からみて善であるもの、悪であるものだけではなくて、倫理的な問いそのものが存在しないために倫理的判断が存在しなかった領域がある。

人類にとって、文字どおり前例がない事例が作り出される。たとえば脳死者からの臓器移植という例では、「脳が死んでいて、心臓が動いている人から、臓器を提出しても殺人にならないか、どうか」が問われる。「脳が死んでいて、心臓が動いている」という状態は、人類にとって前例のない事例だから、いくら過去の判断を調べても答えが出せない。

胎児の卵子利用（Egg Donation）という問題を考えてみよう。胎児の細胞の一部が、胎生の五週ごろに分かれて、生殖細胞の予備群となる。その胎児が女性である場合には、それが卵となる準備を始める。胎生六カ月ごろまで細胞分裂を繰り返し、六八〇万個ほどになっている。卵になる前の状態である。その中では染色体が伸びて長くなり、ペアを作って、その一部がつながってしまう。つながった部分が切れるときに、二つの染色体はそれぞれの一部分を相手と交換した形になっている。仮に黒と白の二つの染色体があるとすると、二つはつながってから切れて、二つの違ったまだらの染色体ができる。胎児が出生するまえの段階で、一人の女性がその生涯に排卵するすべての卵子（四〇〇個から五〇〇個）ができあがっている。この胎児が人口妊娠中絶によって出生しなかった場合でも、その中の卵子は、人工受精のために使うことができる。すると一度も地上に出生したことのない胎児の子どもが生まれることになる。

イギリスでは公共的な機関が、このような胎児の卵子利用の是非のアンケート調査をしたところ、賛成が反対を上回っている。すると胎児の卵子利用が認められるようになるかもしれない。もちろん、このようなことは人類史に前例がない。

その他、遺伝子治療、代理母なども、人間の行為の可能性の拡張が生み出した倫理的空白地帯のなかにある。

たとえば男性の同性愛者が、他人から卵子を購入して、その卵子から提供者の遺伝子を除去して自分の遺伝子を注入し、相手の精子によって受精させて、代理母に生んでもらうとする。その子どもは遺伝的には、同性の父母の実子である。現在ではフィクションではあっても、このような技術が開発可能な状態に近づいている。

従来の倫理が、どれほど「技術的に不可能」という限界に依拠していたかということがさらけ出されるだろう。つまり、「技術的に不可能」という理由で存在を拒否されたものが、本来倫理的に「許されないもの」であるかどうかが、不可能が可能に転換する度ごとに問われなくてはならなくなる。

たとえば「人類にとってこれまで不可能であったことはすべて禁止する」という基準を作ったとする。風邪の特効薬とか、エイズ、アルツハイマー病の治療法、ハンティントン舞踏病の治療法が、開発されたとき「それらがこれまで不可能だった」という理由で禁止されるとしたら、それは不当なことだろう。

しかし、ある国の王様が自分の王子のクローン人間をたくさん飼育しておいて、王子の身体に重い病気が発生したときに移植用の臓器を摘出するとしよう。このような技術は禁止されるべきだという意見を支持する人は多いだろう。

この許容基準には、「あるべき自然」という観念が含まれている。病気の治療は、健康というあるべき自然をもたらすから善なのである。しかし、この「あるべき自然」は、自然界に存在しているとはいえない。

「あるべき自然」が同時に「存在する自然」でもあるような自然主義の可能性がなくなったということが、現代的な知性が人類にもたらした運命であるようだ。全自然世界の質料的等質性の確立している文化の中には、技術化に抵抗する聖域という限界が成立しない。全ての生命領域が技術的操作の可能的対象となる。

新しい社会的価値としての自然

「自然」というのは、新しい社会的価値である。「正義」や、「博愛」や、「基本的人権」のように、すでに社会的な承認を得ている価値とくらべると、まだまだ社会的な価値としては不安定である。たとえば「個人の自由」に内在的な価値が承認されるまでは、「個人の自由は有益だ」という主張がなされていた。たとえば「個人が自由な表現の権利をもつことは、社会的な意志決定や評価や認識が真実であるために有益である」という言論の自由の擁護論は、自由に内在的な価値を認めないで、真理発見の手段として有用であるという論法である。あるいは個人に営業の自由を与えた方が社会全体が豊かになると言う自由主義経済という考え方も、「自由」という価値がまだ不安定であった時代には、「自由」の正当化の根拠に持ち出された。

自由に内在的な価値が認められると、「自由な判断が……にとって有用」というタイプの自由論は無用になる。たとえ損をしてでも自由をまもるということになる。

自然保護にもおなじような変化がある。最初は自然保護有用論で、行き着くところは、「たとえ損をしても自然を守る」という立場になる。いま、自然の保護論を展開する人は、しばしば「人間以外の生物の生存が脅かされるならば、それは必ずや人間の生存条件もまた脅かされているはずだから自然保護は人間保護に有用だ」という有用論（カナリヤ主義）を展開せざるをえない。また、現在使用されていない生物も将来の人間にとっては有用になるかもしれないから、保護すべきだという「将来の利用のための保護」論もまた、苦し紛れの論法である。まして、「知能の高い生物は人間に近いので保護すべきだ」という人間中心主義からする自然保護論の過渡的な性格は明らかだろう。これらは自然の生命に内在的な価値が公認されていないときの、人間中心主義的な文化の中での便宜的な自然保護論にすぎない。

現代の文化には人間中心主義に便乗しないと自然保護が正当化できないという弱みがある。しかし、それにもかかわらず、人類の文化全体が自然の生命の内在的な価値（損をしても守るほどの価値）を承認するという方向に向かっている。

そのことは西洋では①ロマン派から起こった自然美への目覚めが、②アメリカのソロー、エマソン等に飛び火して自然保護思想に発展し、③ついには、自然が社会的な価値として承認されるという歴史の軌跡を描いていると言えるだろう。十八世紀には「自然美か芸術美か」という論争があったが、芸術美については個人の趣味にまかせるとしても、人間の生活にとっては自然美が必需品だという結論が出ようとしている。芸術美の方は、難解な現代芸術を見ていると、観念的になりすぎて自滅しかかっているという印象になる。偉大な古典的な「自然がその前にたってお前こそが精神だ」と叫ぶような芸術美の作品は、どこにも登場しない。「この作品は過去の偉大な作品の本質を否定するものです」という否定性を除くと作品の意味がなにもなりたたないような否定性の隘路に芸術美が陥りつつある。

芸術美から自然美へと芸術の中心が移る。このことは人工美から非人工美へと人工美の中心が移るという矛盾を意味している。存在と価値の同一性という自然的自然に代わって、あるべき自然を設計し、自然保護の基準としなければならないという現代文化のはらむ矛盾と同じ構造なのではないかと思われる。

ディスカッション

司会（大橋）　有難うございました。親鸞についてのお話がそのままシェリングへの言及にもなっているように思います。それから、大峯先生の方から既に加藤先生と芦津先生のお話へのコメントもいただいた形になっておりますので、とりあえず加藤先生の方から、大峯先生および芦津先生へのコメントもちょっと頂載出来たらと思います。

加藤　まず、大峯先生に教えていただきたいと思うのは、この「自然《じねん》」という言葉が、一木一草に仏性有り、というふうな、一つ一つの自然物まで、「自然《じねん》」という言葉を使っていいような使い方になっているのか、それとも、あらゆる物事全体の成り行きという、大きな意味でしか「自然《じねん》」という言葉は使われないのか、また、この「自然法爾」というような考え方は、何故、赦しの根拠になるのか。つまりシェリングの場合もそうなんですが、赦してくれる神様と赦してくれない神様がいて、神様が、そもそも人に赦しを与えることが出来るとすると、一体どういうわけなのか、という謎があったと思うんです。何故赦しと自然とが結びつくのか、そのへんのところを教えていただきたいと思います。それから芦津先生に教えていただきたいことがあります。ゲーテの自然観は文学と科学の両方にまたがっていて、ゲーテは、「俺にはこれは文学であって科学ではない」とは思っていなかったと思うんですね。そこで、ゲーテの思想を考える時に、それは文学として生きるのか、科学として生きるのか、それとも、文学でも科学でもない、もうちょっと別のところで生きるようなものなのか、そのへんのことを教えていただきたいと思います。

司会　じゃ最後に芦津先生、コメントを。

芦津　お二人に共通してというか、このシンポジウムのテーマに関してですが、大峯先生の言われた「自然《じねん》」ということ、自然破壊とか、自然環境とかいう場合の自然《しぜん》、どちらも日本語だと「自然」と書きますが、この二つには、重なり合う部分と違うところがあるのではないでしょうか。なにか、そこらの整理が必要でないかと思います。それから、さっき大峯先生が言われました親鸞の自然《じねん》の場合ですが、光と闇は比喩として言っているんでしょうが、光も闇もやっぱり自然ではないかと思います。ちょっと「自然」の受け取り方に距離があるように思いました。それから、さっき一切衆生と言われましたが、親鸞の場合、我々の言う自然は、「衆生」という言葉になってくるんでしょうか。それとも「造化」になるのか。我々が自然破壊とか、自然を愛せよとかいう場合の自然も親鸞にあったはずだと思うのですがね。それなら、それはどういう形で出てくるのか、などと考えました。

司会 それではディスカッションにはいりたいと思います。まずパネラーの先生方同士で少しお話しいただき、ひきつづいて、会場の方から質問をいただいてディスカッションを展開していきたいとおもいます。まず大峯先生から、ゲーテにおける自然の場合には破壊性という問題はどういうことになるか、これは闇の原理、否定性の原理はどうなるのかということと同じだと思いますが、その点をお伺いしたいと思います。それから加藤先生の方で、大峯先生の指摘された次元でのシェリングの自然は、先生のお話しになったシェリング自然哲学ではどういうふうなことになっていくのか、そこらへんからお話しいただきたいと思います。しかしまずは、芦津先生からお願いします。

芦津 今で言うならば、ガンとかエイズとかにあたるものを、ゲーテは非常に感じていたように思います。破壊的自然、例をあげますと、まず地震が彼に大きな恐怖を与えています。一万人におよぶ人が瞬時に死んでしまったあのリスボン大地震をとおして、少年ゲーテは、神とは一体何かという疑問を発しています。次に津波で北海沿岸が大被害を受けた時の話ですが、ゲーテの一番恐れた自然は、海なんですね。海は人を呑みこむだけでなく、そこには潮の干満があります。永遠に上昇下降を繰り返す恐ろしさがあるんです。これはニーチェの永却回帰にもつながるものではないかと思います。つまり自然でいえば、地震と海です。大峯先生の海の話はこの意味でおもしろかったです。だが、ゲーテの場合、海は恐ろしいものでありました。もう一つ、今、廊下で友人と話していたのですが、ゲーテの詩による「魔王」というシューベルトの歌曲がありますが、あれはまさに破壊的自然をそのまま言葉にしてます。あれは外から迫ってくる恐怖として描かれていますが、同時に、最後に死んでしまう子供に示されるように、内面の恐怖でもあったのです。これに関しておもしろいと思ったのは、ヴァイツゼッカーという学者が、もし現代の自然科学と古い自然観とを比較するとき、その相違はどこにあるのかと問うていることです。プラトン的イデアをどういう形で受け取るのか？　自然科学の場合はそれを法則とか普遍的な真理という形で受け取っている。ところがゲーテの場合は、プラトンのイデアをも感覚で、それもシンボルによって捉えていると言っています。その例としてもう一つの詩、「歓迎と別離」があります。ここでも主人公が馬に乗って恋人のところに走っていきますが、自然が怪物の姿になって立ち現れるとあります。「闇が百の目でのぞく」とあるんです。ところで「闇が見る」というようなことはありえない。さっきのゲーテの「五月の歌」にも「野辺は笑う」とありましたが、現に野辺が笑うのであって、説明の仕様がないという訳です。問題の破壊性ですが、それは内でもあるし、外でもある。現に我々がエイズとかガンに感じている自然だ思います。

司会　さきほど加藤先生からゲーテの自然というのは、文学の自然というべきか、あるいはゲーテの自然では科学の自然はどういう位置をもつのか、御質問があったのですが、それもお願いします。

芦津　両方ともに通じます。根底にあるものは一つですから。たとえば、さきほど光と闇のお話が出されましたが、ゲーテも色彩論の研究で光と闇のことをいろんな形で語っています。これがおのずと文学の問題につながるのです。さらに宗教の問題が出てきます。たとえば、光が闇にふれて悩む姿が色彩だという風に説かれますが、ここでは科学、文学、宗教が分けがたいと思います。

司会　お聞きしたかったことは、その破壊的自然と創造的自然とは、どういう具合にゲーテの中でつながっているのかという点です。

芦津　さきほど力を呑みこむ力という言葉を引用しましたが、力を呑みこむ側にとっては創造を意味するものと思います。人間は魚を食べて生きているのですが、食べられる側の魚は破壊されているわけですから。自然というものはお互いに呑みつ呑まれつしているわけで、これが全体で生きて働く自然ということです。このままで然りという考えと、他方、破壊的自然とはあくまでも戦わねばならないという考え、この二つが最後までゲーテの思想に流れていたと思います。ファウストの場合ですと、ファウストは死を前にして、「俺は自然のまえに男一匹として立ちたい」といいますが、この言葉は脅かす自然を前にしてですね。これは自然との対立の姿勢ですが、ゲーテはそれだけで満足せずに、結びにファウストの救済の場面を置いています。ここでは永遠の女性が現れて、天でファウストを救うわけですが、これによってファウストの破壊的行為に創造の意味が加えられる。創造、破壊ともに生命として価値がある。こういう解釈が最後まであったんではないかと思います。これは加藤先生のおっしゃった環境破壊の問題にもつながるのではないかと思っていますが。

司会 ええ、でも、その、文学の自然と科学の自然は一つだというふうに芦津先生はおっしゃるわけですけれども、先生からすると、それでもういいとおっしゃるのか、あるいは、それからもう一つ大峯先生の指摘されたような闇、神の内なる自然、神の否定性原理としての自然というのは、先生のお話の中ではどういう位置になるかということを、ちょっとお伺い出来たらと……。

加藤 例えば自然を護るという考え方は、人間が自然を破壊する可能性があるから出てくるわけです。ゲーテの場合ですと、例えば「シェークスピアの日に」という有名な講演の中で、自然というものをヘラクレイトス的な宇宙に譬えて、「一方では燃えるかと思えば一方では冷える」という、いわば自然全体についてのメタファーを表現している。シェークスピアの劇は、その中に善もあれば悪もある、決して善だけでもってドラマが成立つのではない。ドラマは本来、善と悪が両方あって、初めて成立つような、そういう一つの統一体としての性格を持っている。自然はいつもその中に悪を含みながらも、それ全体として一つの調和的な存在という性質を持っていて、我々は自然から離れていてもまたそこに立ち返って行くという、自然全体として一つの、今の言葉でいえばガイアのような調和体を考えていたと思うんです。そこに大峯先生のおっしゃる赦しの根拠としての自然、全体的なものの中に善と悪がそもそも両方含まれていて、そして善だけ切り出して自分達で使って、悪の方は知らんぷりというわけにはいかないものなんだ、という、善と悪とが一つになっている自然があると思うんですね。ところが今私達はその自然について護らなきゃならないという姿勢をとらざるを得ない。例えば自然を護るという時には自然と一定の距離を置いて、自然を測定したり、保護の対策をとったりという形をとらざるを得ないと思うんですね。護るのも技術であるという意味での技術という姿勢と、私達自身が自然の一員として、自然を愛したり、自然を恐れたりするという二つの面を持たざるを得ない。ゲーテの場合に、確かにその自然との繋りという面は非常に強く強調されているかもしれないけれども、自然を護るというためには、どうしても自然を測定したり、護るための加工をしなきゃならないという側面は抜け落ちているように思うんです。どちらか一つというのではなくて、非常に微妙なバランスをとらなければならないというところに今、私達は置かれていると私は考えています。

司会　じゃ、大峯先生、お願いします。

大峯　親鸞だけではなくて、さっきも申しましたように、日本の中世以来のテキストの中での自然という言葉は、全部、対象的な自然ではなくて、むしろ人間や事物の Seinsweise、「在り方」といいますか、そういう意味で使われております。これは親鸞だけではなくて、すべてそうだと思います。だから、例えば芭蕉の場合「造化に従って四時を友とする」という、「笈の小文」の中の言葉は詩的人間のあり方、詩人の風雅の根底を言ったわけですが、その場合大事なのは「造化」じゃなくて「従う」ということなんですね。「四時を友とする」、Naturmäßigkeit と言いますか、「自然に従っていく」という仕方でしか自然の発見ということは有り得ないんだという考え方です。ヨーロッパの場合には、まず自然というものが対象化されて存在として立てられ、次にそれに対する人間の関係の仕方を探るということになるかと思いますが、芭蕉は逆ですね。自然にかなうという人間のその生き方が初めて自然の正体を発見するという考え方です。これは東洋の考え方の特徴を言ったわけでして、必ずしもそれですべて解決するとは限らないわけです。東洋の場合の欠点は Natur がはっきり対象化されていない。相対的な意味でも対象化されていない。Naturmäßigkeit だけじゃなくて、Natur ということをどう考えていくかという、そこのところはこれからの課題だと思います。例えば、親鸞のような生き方からして、さっき言ったいろんな自然破壊の問題とか、そういう様な問題に対してどういうふうな考え方がでてくるかということは、大乗仏教はまだ展開していないわけであります。それはこれからの我々のテーマになると思いますね。それから救済と自然とのつながりの問題ですが、人間の救いは「もとよりしからしむる」、すなわち「自然《じねん》」だ、神様の決定じゃない。例えば悔い改めたら神が善しとするという、そういう条件を持っていないということです。「もとより」というのは根源からということですから、無条件ということなんで、一切の理由がないんですね、人間の側からの理由がない、何故救われるかという、そのことについては人間の側からは答えがない。そういう答えが出来るようだったら救われる必要もないわけでありますから、そういう意味で人間の答えはない。しかし、それは人間の有限とかいうことじゃなくて、問題の性質がそういう問いと違う次元にあるということを言っていると思いますね。つまり罪悪の、有限な我々凡夫の自力じゃなくて、もともとそのようになっているということです。だから「自然法爾」というのは、何も無いというんじゃなくて、限り無い如来の側の計いの世界です。無限の計いがあるのであって、計いがなにも無くなっているというのじゃない。ただ、我々の側の計いじゃないということです。しかも我々の計いはいろいろ有るわけだけれども、その計いというもののすぐ裏に我々の計いでないものが有るのです。我々の計いが全部無くなってしまって、如来の計いだけが出てくるという、そういうふうには考えてないと思いますね。煩悩の凡夫はどこまでも計う、死ぬまで計うわけですが、その死ぬまで計うその有り方と同時にですね、一緒に如来の側の計いがある。これはさっき言ったように、シェリングの場合には最後には愛としての神が、「神の内の自然」という暗黒の原理を克服し切ってしまう。だから、最後には暗黒の原理はなくなる。戦いによって克服されるという、そういう考え方とちょっとそこが違う。そういうふうに思うわけですね。

司会　もう一つ、さっき出てきた質問で、私もお答えを聞きたいなという点は、自然概念に関するところなんですが。芦津先生の方から光と闇というのは比喩なのか、つまり、神と神の内なる否定性の原理という、そういう神概念に関するようなところで語られる比喩なのか、それともそれ自体で意味をなすのかという御質問があったんですが。

大峯　難しいですね。まあ、これはメタファーとして言ったわけでありますけれども……。自然に両面があって、否定的自然と肯定的自然があって、その二つの正反対の原理のうち、シェリングの場合には最後にやっぱり光が闇を克服するという形になっていると思うんです。ところが親鸞の場合には、闇というものは最後まで残ってくるわけですね、闇が残ったままで光に包まれている。闇が消えたような救済は本当の救済じゃないということろが強いんで、それがまあ曽我量深の言葉によれば、闇が消えた光を立てるのは自力教なんだということです。自力聖道門はそうだけれども、浄土教はそうじゃなくて、闇というのがあって同時に光があるという立場になる。西田哲学の言う「絶対矛盾の自己同一」ということでも、闇と光という全然正反対なものが、闇が光によって克服されるという統一じゃないと思います。それだったら矛盾の統一じゃなくて、矛盾が消えた統一になるんですけれども、闇があって同時に光の中にある、これは絶対矛盾の自己同一としか言いようがないわけです。その否定性の原理が最後まで貫徹されているというところが、シェリングの自由論は観念論に比べれば否定性が強いわけですけれども、最後はやっぱり光の方が勝つというふうになっているんですね。そこが親鸞と違うのではないかと思うわけです。

司会　有難うございました。じゃ、今まで出てきた問題と、お三方がお話し下さった内容をめぐるディスカッションを、とりあえず、このまま続けていきたいと思います。会場の方からいろいろ質問希望を承っております。進行上、質問を分類いたしました。質問者の方々は、哲学、独文、宗教学、美学という方々とお見受けしております。哲学の中でも、シェリングあるいはデカルトあるいは自然哲学、そういったいろいろな方向の方がいらっしゃるようでございます。そこでシェリング関係のほうで西川先生、デカルトないし自然哲学というところで松山先生、それからゲーテに関して高橋先生に御質問いただきます。では、西川先生お願いいたします。

西川　お三人のお話、非常に面白く聞かせていただき有難うございました。「生きた自然」というとき、わかりやすくするために、昔からヨーロッパにあります能産的自然、Natura naturans の概念を思い浮かべたらどうでしょうか。ゲーテと共通して、シェリングも「生きた自然」ということを自分の哲学の課題としておりましたし、その「生きた自然」という時、能産的自然の概念の上に乗っかっていると思います。そしてシェリングは、その自然を、自分自身を創成する世界ととっていたように思うのですけど。これはカントの『判断力批判』からもくる思想でありましょうけれども、シェリングは、そういう、自分自身を創成する存在者の在り方、つまりオーガニスティックな在り方を「生きた自然」の概念のもとでとらえていたように思います。

そうしますと、その自然は、今度は加藤先生への質問になろうかと思いますが、オーガニスティックなんですね。二十世紀になりましてホワイトヘッドがオーガニズムの哲学を言い出すわけです。シェリングについて言えば、彼の若い頃の自然哲学に、これまでは、メカニズムからオーガニズムを演繹しようとしていた、自分はオーガニズムからメカニズムをも演繹したいと思うという、そういうことを述べている個所があったかと思うんです。それが、二十世紀のホワイトヘッドに至りまして、彼のオーガニスティックなコスモロジーのもとで、果たしてそれじゃ、オーガニズムからメカニズムを演繹するようなことが出来るのか、合目的性の原理が内在したオーガニスティックなコスモロジーをとった時、そこに成立してくるサイエンスというのはどういうものであろうか、それについてお考えがございましたら教えていただきたいのです。

それからついでに、シェリングのことですから大峯先生に質問なんですが、「神の内なる自然」（Natur-in Gott）という時、確かに暗闇の原理ですが、人間の悪の原理がそこに由来しておったら困るわけですね。神さんが人間の悪の原因みたいになりますから。シェリングの場合、やっぱり、悪は人間自身が自らのもとに引き寄せるものという、そういう考えがあったんじゃないでしょうか。それから、闇と光と言った時、これを存在論的な原理にしますと、後期のシェリングの、例えば、『哲学的経験論の叙述』とか、『自然過程の叙述』を見ますと、「無」の原理を取り入れておりますね。ですからNatur-in Gott も存在論的には「無」の原理、光に対する暗闇であるだけでなく、積極的にメー・オンの原理と見ていいし、そして世界生成、世界の生起（Geschehen）を存在論的に捉える時に、その原理が生きているのではないか、まずは、そういうふうに考えるのはどうであろうか。お考えを伺えたら、と思います。以上です。

司会　すぐに答えをいただく前に、いくつかの質問群についてパネラーからお答えをいただくということにいたします。松山先生、お願いします。

松山　それでは私の方から。質問としては二つあります。加藤先生のデカルトの問題で質問したいんですが。特に、科学技術に関連する問題で。その前に、私、全く素人なんですが、芦津先生にゲーテのことでいろいろお教え願いたいと思います。以前、先生の著書を読ませていただいた時、ちょっと記憶があやふやですので間違いがあれば訂正していただきたいと思いますが、先生の著書の中に「湖上にて」を扱われて、草稿をずっと辿られて、ゲーテが大地のへそと繋がっている、という、こういう体験を確実にもっていたという、そういうくだりを著書におさめられた論文の中に書かれましたけれども。大地のへそで、この大地というのはおそらく母なる大地だと思いますが、そのへそで繋がっているという、その実感ないしは体験とですね、彼がそこから紡ぎ出してくる思索、Dichtungという問題とですね、それから自然研究というのはどういうふうに分岐していくのかという、その点ちょっとお教え願えればと思います。というのは、加藤先生が質問されたのは文学と科学はゲーテにおいてどう繋がっているか、あるいは、どう区別されているか、そういう問題だったと思いますので。今の問題に即してお教えいただければと思います。以前、先生のもとで一度お話しさせていただきました折に、最初に『気象論』のところに注目したんですけれども。『気象論』ですね、雲とかいろんな。その折に、デカルトの話をするために出したわけですが、デカルトは『気象論』の一番冒頭部分でですね、雲というのは単に神の御業ではないんだと、我々は雲の様子を、メカニズムを、いろいろ機構を研究して、メカニズムを知って、それを人間の生活に役立てればよろしいという立場をはっきり出している。これと同じ立場を、例えば、『哲学原理』の一番最後ですね、最後のところでこういうことを言うわけです。デカルト自身は、加藤先生が今、ずっとお話なさったように、世界の機構、メカニズムをいろんな形で、まさしく、時計であるとかネジであるとか、そういう比喩で説明しようとしたわけですが、デカルト自身は『哲学原理』の最後で、「私は世界を機械のように叙述してきたけれども、自然が果たして本当に機械であるか、それは私に全く分からない。但し、機械のように扱ってやると、きわめて我々の人間生活にうまく役立つかもしれない。」これはちょうど、神が非常にうまい具合に世界を造っていてくれていて、メカニズムはわからないけれども、二つの時計があって同じ時を打つようになっている。我々は、その実際のメカニズムの本当のところはわからなくても、うまくそのポイントさえ合って、そこをうまく利用して我々の人間生活に役立てればいい。これ、一言でいえば、自然支配の理念だと思うんですが、これが実は私の考えでは近代科学の機械論なり客観的な自然観なりのバックボーンだと思うんですね。ただ、普通の科学論の立場というのは、客観性ないしは機械論が表に出て、技術的な問題は応用の問題として考えられるけれども、デカルトにおいては、まず人間の生活に役立てるために自然を処理するという逆の立場になっていると思うんですね。この点で、加藤先生の今日のお話でいいますと、我々の自然観なり自然理解なりの場合に、技術と離れた形で、環境保護も含めて、果たして、自然を単に観賞するであるとか、趣味的に保護するという、そういう立場をとれないとすると悪無限だと思うんですね。技術の立場によって、今日の文明を作り上げてきて、それが行き詰まっているわけだけれども、それを解消するのに先生が、いみじくもおっしゃったように、科学抜きではやれないかもしれないと、これは完全に抜け道のない、袋小路ではないかと。この問題を先生はどう考えておられるかということを質問したいと思います。で、お二人の先生方の答えに、もし大峯先生から闇の世界からコメントをいただければと思いますが。ちょっと長くなって申し訳ありません。

司会　じゃ次、高橋先生お願いします。

高橋　今日は、人間と自然との関係を考え直すというテーマでございまして、お三方のお話、大変面白く拝聴させていただきました。私、ゲーテの研究をしております関係で、ゲーテのことについて質問させていただきますが、ゲーテは自然科学者でもありましたわけで、その自然科学というものが今日、ある意味で alternative 運動の先駆者として、取り上げられたりすることもあるわけでございますね。ま、加藤先生はそれを少し修正するような御意見だったとお聞きいたしましたが、そこでちょっとお伺いしたいと思います。それは同時に、芦津先生の提起された問題にもつながっていくと思います。二十世紀の知の見取図というものを考えていきますと、ゲーテとの関係ではカッシーラーやレヴィ＝ストロースのことを忘れるわけにはいきません。二人ともゲーテの自然科学を熱心に勉強しておりました。カッシーラは新カント学派でございますけれども、カント的な考え方では収まりきらずに、純粋理性の批判的研究だけではなくて、神話的思考ということを問題にし、そういうコンテクストの中でゲーテ的な自然観と精密科学というものを常に対比させて、両者の補完性ということを考えていたと思うんですよ。次にレヴィ＝ストロースですが、彼がゲーテを読んでいたということはあまり知られていませんけれども、彼の若いころの愛読書の一つは実はゲーテの『植物のメタモルフォーゼ』でございまして、そこから自分は構造主義の主要な方法を学んだと言っております。ゲーテの自然観の根底にあるのも構造って考え方ですし、レヴィ=ストロースの根底にも構造って考えがあるわけですね。さらにレヴィ=ストロースは『野生の思考』というものを書いて、その中でゲーテの自然科学を提起させるような「具体の科学」というものを提起しております。その時にレヴィ=ストロースは、「野生の思考」ないし「具体の科学」というものが必ずしも近代科学に対立するものではなくて、対立する面はもちろんありますけれども、実は両者を相補的に取り上げるような見方が必要だろうということを言っている。ここにはゲーテ的自然科学の現代的受容という興味深い問題が提起されていると思うのですが、その点に関して先生方のお考えをお伺いしたいと思います。次に芦津先生は先程、ゲーテの自然科学の著作は詩でもあるし科学でもあるとおっしゃっていらっしゃいましたし、私も確かにそうだと思いますが、一つ考えなくちゃいけないのは十八世紀には文人的自然科学者というものがいたし、文人科学というカテゴリーがあったということです。ま、ビュフォンなんかが典型ですけれども、ビュフォンの『博物誌』っていうのは自然科学の著作でありながら、フランスの古典文学の一つに数えられるほどの名文で書かれています。ドイツではゲオルク・フォルスターやリヒテンベルクなどがそうですね。名文、つまり味気ない文章ではなく味のある文章で科学書を書こうという動きが、十八世紀にはまだ顕著に存在していた。私は、ゲーテもそういう流れを汲んでいると思うんですよ。ゲーテは一方では形態学や色彩論に関する自分の作品を科学的著作として世間で取り上げてもらいたいと思っていたと同時に、他方では科学的論文を今日みたいな無味乾燥な文章で書くのではなく、文人的科学と言われるにふさわしい名文でまとめたいと思っていたのではないでしょうか。その点について芦津先生の御意見をお伺いしたいと思います。

司会　さっき申し忘れましたが、シンポジウムは八時十分前ぐらいの見当で終わりたいと思っております。で、いろんな論点が出てきておりますし、いろんな質問者がいらっしゃるようですので論点を全部尽くすということはまず不可能でありますが、いろんな論点が出てきたということ自体を一つの成果と受け止めたいと思います。したがって、パネラーの先生方、選り取り見取りで、お好みのお答えをいろいろいただきたいと思います。どなたからでもよろしいんですが。

大峯　西川先生の御質問、Natur in Gott の人間の存在に Grund がある。人間だけでなくて、すべての被造物は神に Grund を持っていると同時に、神の中における神でないものにも Grund を持っている。そして後の方が悪の可能性の根拠だとシェリングは言うわけであります。けれども個人が、実際に悪を犯すということ、これは悪の現実性であって、Möglichkeit とWirklichkeit の峻別は、これは言うまでもなくシェリングが強調した大事な点です。今日は悪の問題がテーマじゃなかったものですから、そこは省きましたけれど、もちろん悪の現実性は各人の叡智的行為（Tat）というものにある。これは当然のことでありますね。ただ、もしシェリングの批判をするとすれば、その可能性と現実性の間の関係がまだちょっと突っ込まれていないんじゃないか、そういう気持ちはいたします。Natur in Gott を「無」の原理と言っていいという御意見につきましては、それは「無」の内容が問題で、否定原理という意味では「無」と言えますけれど、「無」の内容をどういう具合に考えるか、例えば、Creatio ex nihilo（無からの創造）という、そんな「無」じゃないですね。神が「無」から万物を造ったという、そういう意味の「無」ではないし、また何もないというニヒリズムの「無」でもない。一口に「無」と言われても、その「無」をどういうものと考えるか、そこが問題だと思いますね。

加藤　ドイツ浪漫派の哲学者や文人達が書いた、科学の文章なのか文学の文章なのかわけの分からないものを見ると、メタファーとかアナロジーとかと科学のカテゴリーとの区別が殆どつかなくなっていたと思います。浪漫派の時代が全体として、アナロジーとメタファーが蛮勇を振った時代だという印象を私は持っています。そういうものの文学的価値について、別に冷淡になる必要もないかもしれません。しかし、文人的科学と科学的文人との違いは相当大きなもので、科学の言葉と、神話の言葉とは、けじめのつくようなものでなければならないと思うんです。例えば、大峯先生の中で出てきた親鸞の自然は、おそらく非常に高度なメタファーとして使われていると思うわけです。こうした高度なメタファーとして使われている自然は、自然について私達がどういう目的を設定するか、どういう態度でもって臨むかという時の、期待だとか、技術を制限する時に我々が依りどころにするものとして役に立つかもしれないわけです。技術は、もともとは手段の体系であって、今問題になるのは、科学という形での手段は、目的に対してニュートラルであって、どのような目的に対しても奉仕するものなのか、それとも、およそ近代科学技術という手段を使う以上は、特定の目的にどうしても引きずられてしまうのかということです。近代科学という手段は、ある特定の目的と結びつくものなのかという問題が技術論の非常に大きな課題だと思うんです。科学と技術について、技術の作り出した弊害にたいして技術で対策を立てるのは悪循環ではないかと松山さんは言われました。技術というものを全部一枚岩のようなものとして考えると、そういう悪循環という構造ができます。技術が全体として、いかなる目的にも奉仕することが出来る程、ニュートラルであるかどうかということについての最終的な判断は出来ないにしても、少なくとも技術の中に技術の弊害を解決していくという形での技術が存在することは確かです。例えば、省エネルギーの技術はそうです。病院だとか、医学というシステムそれ自身がまた病気を作り出すということがあって、医学の作り出した病気をまた医学が治すということは確かにあるわけです。ただ、非常に分からない領域が沢山有るので、例えば、石油の消費を減らせばそれだけ温暖化が止まるかといえば、おそらく止まらないだろうという予測があるわけですね。その場合には、沢山の情報の組合せから成立っている地球の温暖化という現象に対して、石油の消費を停止するという一つの要素で解決出来るかといえば解決出来ない。シュミレーションのデータと実際の技術との落差という問題は出てきていると思います。この点が西川先生の御質問に関係があると思うんです。シェリングもヘーゲルもいわばメカニズム的な自然に対して有機体的な自然こそが自然の原型だという考え方を出したわけですね。今日、我々から見れば、地球という宇宙の中のたった一つの惑星の中の極く部分的な現象ですべての自然を考える原型を組み立てるということは全く無謀なことであって、そんなことはやめたほうがいいという提案も当然出てくると思うんです。あらゆるものの存在が、それ自体として、一つの個体としてのまとまりを持っているものではなくて、全部、根本的には流動的なものであると考えると、人間という個体だとか、生物という個体こそが本当の意味でのまとまりを持ったものであって、まとまりを持ったものの有り方を粒子という形で考えることが出来ない。高次の複合体の方が本当の意味でのまとまりを持っている。ライプニッツ、プロティノスまで溯ってもいいですけれども、存在と一者の関係について、複合体の単純性こそ、本当の意味での存在の原型なのだという考え方が出てきたと思います。シェリングとラインホルトとどっちが先だったか、僕はよく知りませんが、一八世紀のおしまいの頃になってそういう問題が出てきた。我々が、地球を一つの有機体のようなものとして考える考え方が出てくる。有機体と無機体の問題は、現代の科学にまでずっと持ち越されてきたもので、結局、有機体というモデルによって自然全体を考えていくことを、もっと大きな複合的な連関をもった生態系についてまで拡張して考えていくことになって、これは簡単に解決のつかない問題ではないかと思うんです。シェリングの時代に、大きな問題だった原子だとか分子に還元することの出来ない、特殊な物質と言えるかどうか分からない要素が有機体の中に含まれているかどうかという問題については一つの答えが既に出てしまっている。様々の要素の複合的な連関の全体について新しい意味での有機体の考え方が復活してきている。私の意見はあまり恰好のいい意見にはならないのでありまして、技術を使って技術の弊害をおさえていくという、コントロール、力を思いっきり使うのではなくて、力をセーブしながら使うというコントロールの体系を技術的に確立するだけではなくて、法律だとか制度だとかのレベルでも確立していくということが私達の人類全体の課題になってきていると私は考えています。

司会 有難うございます。芦津先生、さっき、いろいろ文学的、宗教的なレベルでの自然と、やはり自然科学の自然とか技術の領域としての自然とかいう或る種の対比が少しづつ流れとして浮かび上ってきているような気がするんですが、先程の、たしか松山さんですか、御質問の中で、ゲーテの自然研究への分岐点というのはどういうふうになっているか、という点に関しましてコメントがありましたら……。

芦津 さっきからいろいろ質問らしく聞こえたものに対して、まとめて答えてみます。Natura naturans の話、これはその通りです。一昔前はゲーテの自然観は Natura naturans であって、デカルト風の Natura naturata とは違うということがゲーテ研究でもしきりに言われました。うんざりするぐらいそのことを聞かされましたので、自分としては、ゲーテの自然はただ naturans、つまり生むだけのものとは違って、破壊する自然でもあると、言ったつもりなのです。それから次に、へその緒で引っ付いているという点ですね。自然と引っ付いていると言っても、大地と引っ付いていると言ってもいいかと思いますが、それがどんな形で現れるかと言うとき、現在の科学者たちのことが気にかかって来ます。最近、ある大学で地震学を専攻している人が研究室にやって来て、地震のことを話したんです。こちらは素人ですから「すごいなぁ」とか驚きの連発ばかりなんですが、相手は全部「あたり前だ、あたり前のことだ」って答えるのです。何か、最近の科学は数式ばかりで、驚きなどはないのですね。これは自然とへその緒で引っ付いていないな、とそのとき感じました。それでまず、この驚きこそがゲーテの場合の Nabelschnur ですね。それから大地との結合とも言いましたが、ゲーテは現に、大地、つまり地球と引っ付いていた人らしいんです。これちょっと信じがたい話ですが、ある夜ゲーテは、ワイマールにいてですね、寝巻きのまま起きて来て、「今イタリアで地震が起こった」と言ったそうです。すると現にメッシーナの町で大地震が起こっていた。これは実際の話です。非常に大地というものに敏感な人、(会場から声有り)、え？ そう、ナマズめいていたんです(笑)。だからこんな特別偉い人には、なにか特別な感覚がある。我々にはとても無理なことですが。気象学の話も出ましたが、雲は風で動くし、雨でも動くでしょうが、ゲーテは雲の動きを大地の呼吸として捉えていたのです。大地自身が呼吸している。これは現在の科学では間違いとされているらしいです。しかし科学が間違っているのかもわかりません。ついで、文人科学者についての御質問ですね。なんとなく分かりますが、ゲーテはビュフォンとかリヒテンベルクとかハラーとかとは少し違っていたように思います。文学者らしく自然科学のことを書くというだけでなかったと思います。ゲーテの自然科学の本を読みますと、ものすごく精密な観察をしてますね。私は、二十五歳の時にはじめてゲーテの「色彩論」を読んだのですが、その時は読んだことを全部自分で実験しました。するとその通りになることが多かったですね。「目を閉じて、また開けよ、そして赤を見よ、そしてまた目を閉じたら緑が出てくる」と。最近それをやっても、なにも出てこなくなって……(笑)。ところでゲーテの「色彩論」には「この能力は病気になったら落ちる」と書いてあるんです。歳をとっても落ちるんでしょうかねぇ。ものすごい観察力ですね。ただ文人科学者というだけでは出来ないと思います。それから、これは、岡本先生なんかお詳しいんでしょうが、ゲーテ骨というのが、この辺にあるらしいですね。顎間骨というのが、本当にゲーテが発見した骨らしいです。この発見によって人間が猿や魚や鳥と同質のものだとされました。それまでは人間だけが特別だという考えがあったらしいですが。そしてゲーテの場合は、それがまた彼の宗教の源にもなっているわけですね。生きとし生けるものが兄弟だという考え。そういうことを考えると文人科学者らしいところもありますが、それに尽きる人ではなかったと思います。

司会 有難うございます。先程申しましたように八時十分前に終りたいと考えております。実は承った質問の数が非常に沢山でございます。そういうわけで、全部承って、答えていただきますと、いかな秋の夜長でも時間が足りないということで、司会の越権と専権をお許しいただきまして、多少選択させていただいて、もう少し進めさせていただきたいと思います。今、いろいろ出てきましたテーマの中で自然哲学的な方向と、文学的宗教学的な方向とがいろいろな形で展開されたと思います。そういう意味で、伊坂先生と松丸先生にもう少し御質問承りたいと思います。

伊坂 スピノザのお話が芦津先生と大峯先生の方からありましたけれども、スピノザの汎神論とゲーテ、あるいはシェリングとの距離について質問をさせていただきます。芦津先生がおっしゃられたように、ゲーテの自然っていうのは、女性的で、個人を包み込んでくれるものという点、非常に興味深くうかがったわけですけれども、確かにそういう点から申しますと、スピノザの汎神論の場合には個人を包み込むというよりは、絶対的な実体の中に個人を飲み込んでしまうというようなニュアンスが非常に強くて、確かに芦津先生がおっしゃられた神と個物との関係から見ると、ゲーテの「自然」とスピノザの「神即自然」との間にはかなり距離があるのではないかという気がします。しかし他方で、西川先生も触れられましたけれども、スピノザの自己産出的な神、すなわち自然という発想は、ゲーテのいわゆる創造的自然というように言われる発想とむしろ近いのではないか。ゲーテ自身が、スピノザに汎神論論争の中でも共感を示していることから見て、スピノザの汎神論と非常に近い面もあるのではないか、という気がするわけです。そういう点でゲーテの創造的自然ということと、スピノザの能産的自然を、だいたい同じものとして理解してよろしいのでしょうか。あるいはまた、両者に、神についての考え方でかなり大きな隔たりがあるのでしょうか。そのあたりを一つお伺いしたいと思います。それから、大峯先生のお話でも、スピノザとシェリングの間にかなり大きな違いがあるように私は理解しました。つまり、スピノザの汎神論的神は抽象的な神であるのに対して、シェリングは「自由論」の中でむしろそういうスピノザ的な神に対して批判的な距離をとっているというようにお話を伺ったんですが、しかし、「自由論」の中でシェリングは、むしろ汎神論に対する共感をかなり示していると思うんですね。いわゆる自由と必然性との関係について、スピノザの汎神論の中で統一が実現されるというように見ていて、スピノザに対する評価はかなり高いのではないか。その点、例えば、神というものを人間の感情の中に見るというヤコービの考え方に対して、シェリングはむしろ批判して、それとは逆にスピノザ的な「神即自然」というものに対しては共感を示しているのではないかという気がいたします。そのあたりの、「自由論」を書いた頃のシェリングのスピノザに対する距離をどんなふうにお考えか、その点お伺いしたいと思います。それから加藤先生の、科学と自然哲学を文化的な根幹において一つの統一として捉え直す、という非常に興味深い御提案ですけれども、科学にはやはり量的な関係に自然を還元するという基本的な立場があり、それが近代的理性の特徴をなしている。で、それに対して、シェリングはむしろ直観という形で自然に向かい合い、あるいは、精神と自然との統一を直観に委ねている。その点で近代的な理性とシェリング的な直観との間にはかなりの落差があるのではないか、加藤先生がその両者の統一をいかなる方向で目指しておられるのか、その点をお伺いしたいと思います。

司会　じゃあ、松丸先生お願いします。

松丸　ひょっとしたら、芦津先生が飽き飽きしたという図式の方から質問させていただくことになるのかもしれませんが。大雑把に申しまして、例えば、ゲーテにしてもシェリングにしても、自然ということを考えるようになった時代的背景としましては、やはり、ヨーロッパに於て、神が自然を造り出し、しかも、無からの創造ということで造り出した、その中の一つにすぎなかった人間がですね、いわば、その自然の自立性ということと一緒に、人間自身の自立性の問題、それはもちろんSelbständigkeitという意味を持っていると同時に、今度は理性自身がもっと突詰められて行きますれば

Autonomieとしての自律ですね、同じ「じりつ」でも字はちょっと違いますが、やはり繋がっていると思うんです。そういうものを求めて確立していこうとする時代の動きの中で、自然というものが注目されてきたんではないかと思われます。そうこういった枠組の中で見てみました時に、まず第一番目に、そういう人間の自立性、これはSelbständigkeitあるいは理性の自律性（Autonomie）の方でも結構ですが、こういうものを人はどのような形で捉えていたのか、まずは芦津先生にお伺いしたく思います。二番目に、おそらく、そういうような理性の自律性なり、人間の自立性がもたらした一つの成果として、近代科学が出来上がってきたと思うんです。そうしました時に加藤先生が、技術でもって技術をコントロールするというようなことをおっしゃられましたけれども、技術も科学と同じような仕方で人間の自立性がもたらしたわけですから、その人間の自立性をどこかで制限なり否定しなければいけないと思います。人間の自立性の内部にとどまっている限りは、その否定は果して出てくるものなのかどうかっていうことですね。あるいは、なんらかの仕方で外というものを考えざるを得ないのかどうか、この点に関してお伺いします。三番目に大峯先生、同じ観点からですけれども、そのような状況で、シェリングの自然についての考えが、ある程度当てはまるとしましたならば、つまり内なる自然と、外なる自然ということですが、人間の内なるということで人間の自立性となんらかの関り合いを持ってくると思うんです。そういう枠組の中で出てきたシェリングの自立性と、大峯先生が言及されました親鸞に於ける「自然《じねん》」ということですね。親鸞における「自然《じねん》」は、神と人間との対立という図式のないところから出てきているわけですから、枠組がいささか異っているんではないかと思うんです。そうしますと、シェリングの自然と親鸞の自然《じねん》との比較はどのような立場からなされ得るのかということが問題になります。またその比較が可能となった場合に、加藤先生の質問とも繋がるんですが、人間の自立性あるいは理性の自律ということ、そういうものに、なんらかの仕方で制限を与えなければならない一つの示唆を、親鸞の「自然《じねん》」は示しているのでしょうか。示しているとしたら、どういうような示唆なのか。こういうような形で質問をさせていただきます。

司会　有難うございます。伊坂先生と松丸先生の御質問を聞きながらちょっと迷っていたんですが。と、申しますのは、もう、とても全員の質問を受け付けることは出来なくなったのは分ったんですが、その中で、今の両先生の御質問、ずうっと突っ込んだ、専門性を持った質問でありますので、お答えいただくのもなかなかしんどいだろうという気がいたします。大事な質問なんですが。その他に、実は、ひょっとして、今まで戴いた質問とカテゴリーの違う質問らしいと思われる方がお三方いらっしゃいまして、辻村先生と木村先生と岡本先生。パネラーの先生方にお答えをいただくと、多分間違いなく時間が過ぎますが、他方でこのお三方の質問もちょっと聞いてみたいなぁという気があるんです。辻村先生にまず質問お伺いしたいと思います。

辻村　大変内容の充実した御発表をお聞きいたしまして、教えられるところが多く感謝申し上げます。ヘーゲル的に申しますと、芸術と宗教と哲学というものは絶対精神の領域であるわけです。そういうヘーゲル的に言えば、絶対精神の領域に於いて、ヘーゲルで当然もう克服されてしまっている自然ということが、あらためて問題になったということは非常に興味の深い点だと思います。それで、芦津先生の言われた破壊と創造だとか、大峯先生の言われた光と闇だとか、加藤先生の言われたメカニズムとかオルガニズムだとか、それは各々意味のあることではありますけれども、カントの美的判断力批判を見ると、そこでは、芸術の美ではなくて、自然の美ということが、Naturschönheit ということが問題になっています。そして同時に das Erhabene、崇高ということが問題になっているわけであります。崇高というと、例えば、富士山をみれば崇高な感じがする、美しいと共に崇高であるという、その崇高と認められるものを、美もそうですが、カントは「目的無き合目的性」というふうに言ったと思います。つまり、Zweckmäßigkeit ohne Zweck。それを自然の美とか崇高ということの枠をはずして、自然全体について考えることができるのではないか。我々が毎日なんかかんかして自然の内で生きていくというところには zweckmäßig な働きが有らざるを得ない。しかもそういう自然の内には何の目的もない、簡単に申せば私はカントの「目的無き合目的性」という考えは非常に深い逆説的な考えだと思っている、そういう点からお三人の先生方のおっしゃられたことを私なりに今後あらためて考えてみたいと思います。これは質問ではないのでお答えにならなくていいわけです。(笑)

司会　じゃ、木村先生。

木村　お三方から大変面白いお話を伺ってたんですけれども、後のディスカッションのところで、ちょっと、欲求不満が残るような感じなんです。実は芦津さん、大峯先生あたりから、お話の時に出てきていたのに、展開されなかった問題として、やっぱり「自然《じねん》」ということと「自然《しぜん》」、Natur の概念の違いということがあります。せっかく出てきたのに、それが展開されないままディスカッションがずうっと進んだもんだから、だから、要するに Natur の話だけになってしまったと思うんですね、特に西洋的な自然《しぜん》の……。ところが、もちろんこんなことは私が申し上げるまでもないんですが、

「自然《しぜん》」という言葉がNaturの訳語として定着したのは、たかだか百年ぐらい前で、それまではNaturという言葉はほとんど知られていなかったわけなので、訳語がなかったんですね。そして、「自然《じねん》」という仏教語が、仏教語だけではありませんでしょう、大峯先生のおっしゃったように、万葉集から日本にはある。例えば、中国の老子の非常に有名な、人は地に則り、地は天に則り、天は道に則り、道は自然《しぜん》に則る、というのがあります。あの老子の場合でも、もちろん「自然《しぜん》」とは自然界の自然ではないのでありまして、むしろ親鸞の言う「自然《じねん》」に非常に近かったんだろうと思うんです。ドイツ語的に言うとvon selbstというのか、決して名詞ではない。「おのずからしからしむ」という「おのずから」という言葉であった「自然《じねん》」。もう一つ、日本の昔、「自然《じねん》」という呉音で読まないで、漢音で「自然《しぜん》」と読んだ使い方があったようですね。「もし、自然《しぜん》のことあらば」というのは、武士が戦場に出かけて行く時に「もし、私が死んだなら」という意味で。あれがどうして「自然《しぜん》」のことなのか、戦死するというのは我々の医学用語で言うと不自然死ですが、何故、不自然死が自然のことであったのかというのは大変面白い問題で、確かあれは唐木順造さんだったと思うんですが、「死ぬことは自然なことだから」というようなこと書いてられたと思うんですけど、私はどうも違うんじゃないか、死ぬことが自然のことだというのは、人の力で左右出来ないことという意味で、ああいうふうに言われたんじゃないだろうかと、これは専門の方に聞いてみないと分かりませんが、私はそう思っておりますが。いずれにしても、die Natur, the Natureというような名詞ではなかった。それでもしもdie Naturという名詞を主題にして論じるんでしたら、一つ足りなかったのは、さっきから内なる自然という問題は出てきていましたが、日本語で「自然《しぜん》」と訳せないNaturが向こうにあるわけですね。「性質」とか「本性」とか、これこそ人間のMenschennaturとかhuman natureというような形で、Naturなのでありまして、私は精神科の医者ですから特にこんなことを言うのかもしれませんが、人間の性格というか、本性という意味を除いてNatur論をやるわけにはいかないわけですね。今日は日独文化研究所のシンポジウムで東西の接点のところでのディスカッションだとすると、もちろん「自然《じねん》」と「自然《しぜん》」、Naturの訳語である「自然《しぜん》」というところでの接点の話、少しそこのところが西洋寄りに、ドイツ寄りになってしまったなぁという感じを持っております。また、精神科の医者として言いたいことは他にも幾つか有るんですけれども、時間がありませんので、これくらいにいたします。

大峯　確かにおっしゃいますように、外的自然というものへのアプローチは東洋の伝統には無かったですね。けれど、human nature、人間の本性という問題は、さっき私が親鸞の闇の方の原理として言いました煩悩のことですから煩悩は

human natureにあたるように思われます。そこでそういう人間の暗い内的自然というものの直視を通して肯定的な「自然法爾」という次元に出ていく、いわば内在的超越と申しましょうか。自分の内部の自然を通って仏という根源的自然を再発見するという、そういう道は親鸞だけじゃなくて、東洋の宗教に普遍的な道のように思います。だからその辺にもし繋がりがあるならば、そのところをもっと掘り起こしてくる必要があるだろうと思っています。

司会　加藤先生。

加藤　先程、大峯先生の話の中に否定性という言葉がありました。漂泊っていうと、冷たい風に当たるっていう感じがすると思うんですね。自然の中には自我性の否定だとか、文化だとか、人工性に対する否定という意味があって、その自我性に対する否定を味わうということによって浄化を果すとか、そこに自然に対する崇高感が生まれてくるとかいう、人為とか人工とか自我に対する否定と浄化という意味があると思うんです。今は文化そのものが浄化される必要がある時代だと思っています。

第二部　精神病理学の視点から

――自然さと不自然さ

第四章　精神分裂病における自己と自然さの障害

木村　敏

身体医学が「病的異常」の判別基準として「正常値」を設定し、この正常値からの逸脱の程度に応じて病的異常の程度を決定しているのに対して、精神医学における異常の概念は本来けっしてそのような数値的逸脱として考ええない。今日、精神医学の科学化を求める一部の研究者が、人間の精神活動を数量的に評価して身体医学同様の正常値を設定し、客観的な異常の判定を可能にしようとする試みを模索しているが、これは永遠に成功することのない努力であると私は考えている。

精神活動のうちでも比較的数量的に捉えやすいと思われるものに躁とか鬱とかの気分変調がある。我々自身も、自分がいま好調な時期であるか不調な時期であるかを多くの場合一つの波として、つまり曲線の上昇と下降として表象している。その場合には当然、その平均値としての「正常値」が予想されている。しかし例えば、お祭のドンチャン騒ぎに参加しているときの躁状態、親しい人の葬式に列席しているときの鬱状態が「客観的」な正常値から逸脱しているからといって、それを病的異常とみなす人はいないだろう。

分裂病で問題になるさまざまな自他関係の異常にいたっては、もはや数量化の試みなどは論外と言わねばなるまい。自分が他人から注目されているとか、周囲の雰囲気がおかしい、何かたくらみがあるのではないかとかいう意識は、正常人でも事情によっては十分抱きうる疑念である。それが病的な妄想であるかどうかの「客観的」で数量化可能な基準など、どのようにして設定すればよいのだろうか。

精神的な「正常」(normal)と「異常」(abnorm)を云々する際の「常」(Norm)とは何か。問題はこの一点に集約される。ノルムといっても、明文化された、あるいは明文化可能な規範があるわけではない。すべては「常」を支配しているセンスである「常識」(common sence)に、つまり「共通感覚」という普遍的だが主観的な感覚に任されている。

常識で考えておかしいか、おかしくないか、それは結局のところ、ある人のある行為や意識が周囲の状況全体のなかで自然であるか自然でないかに帰着する。祭の喧騒のなかで浮かれているのは自然だし、葬儀の席上で沈んでいるのも自然である。なにか悪事をはたらいた人が周囲の目を気にするのも自然なことであって、我々はこれをけっして病的とはみなさない。躁的、鬱的な気分や周囲に対する関係づけが常識的に見て周囲の状況から遊離しているときにはじめて、それは精神医学的に意味をもってくる。

患者の行動についても同じことであって、その人が周囲の状況から常識的に理解しがたい仕方で目がすわっていたり、顔がこわばっていたり、独り言や独り笑いをしたりするとき、要するに不自然な態度、ふるまいを示すとき、その人は精神科の患者として我々のところへ連れてこられることになる。そしてその場合、患者を我々のところへ連れてきた周囲の人たちの常識的な判断は、多くの場合、間違っていない。大多数の人が感じとっている自然さと常識とは、切り離すことのできない一つの感覚を形成している。

精神科患者の意識や行動が「不自然」だというとき、この「自然」とは何を意味するのか。それは決して自然科学のいう合法則的な自然ではないはずである。もしそうならば、この不自然さは完全に客観的に数量化できることになるだろう。たかだか百年余り前、西洋の近代思想を取り入れた当時の日本人は、Naturの語の訳語として「自然」を選んだ。Naturの語が主として意味する合法則的自然界を指す概念がそれまでの日本語になかったという事実は、自然界を客観的対象として認識する態度が日本人にとっていかに疎遠なものであるかを物語っていて興味深いが、ここではその問題に立ち入らない。

Naturの訳語として採用される以然の「自然」は、多くの場合「ジネン」と発音されて「おのずからそうであるありさま」を意味し、名詞であるよりむしろ「ジネンの」、「ジネンに」など、形容詞的あるいは副詞的に用いられることが多かった。このジネンはドイツ語で言えばVon-selbst-so-seinということになるだろうか。有名な老子の「自然」、万葉集ですでに用いられている「自然」、親鸞の「自然法爾」の「ジネン」などはすべて、die Naturの意味ではなくVon-selbst-so-sein「おのづから」の意味である。

ジネンがVon-selbst-so-seinであること、ジネンが自己ないし自分と「自」の文字を共有していること、自己や自分を指す「みずから」の語が「おのずから」と共通のこの一つの文字で表記されること、これらの事実は、ジネンの意味での自然さNatürlichkeitが合法則的自然よりもむしろ自己Selbstと深い関係にある概念であることを雄弁に物語っている。そしてこのことは、何よりもまず「自己存在の病」である精神科疾患を考えてゆく上で、このうえなく重要な意味をもっている。

キルケゴールは、自己とは関係が関係それ自身と関係するような関係のことだと言う。このパズリングな「関係」の構造を最大限に単純化して、ごく普通の意味での対人関係と解しても、それでもなおこの命題は精神科疾患の（特に精神分裂病といわれる特異な事態の）真実を言い当てている。分裂病患者は幼少時から（ことによると生まれたときから）他人との関係のなかで自己の主体性を主張する力が弱い。幼少時にはこの特徴は家族から「おとなしい」「手がかからない」「思いやりがある」などのプラスの評価を与えられることが多い。しかし徐々に親の手を離れて社会的対人関係の中での自己確立を模索しなければならない思春期に入ると、他人との関係を自己のうちに統合する能力の弱さが急激に問題化してくる。自己を育てる培地であるはずの対人関係（特に親子関係）が、逆に自己を呑み込み、自己を押し流してしまう暴力的な脅威として立ち現れてくる。他人からの孤立によって、あるいは家庭内暴力によって、自己存在の確保を試みる絶望的な努力がしばらく続いたのちに、何らかの表面的には些細なきっかけから突然、患者にとって周囲の対人的な世界が自然さを失って不自然なものに見えてくる。患者の多くはこの不自然さの背後に他人の策略を想定する。それと同時に分裂病性の行動異常（ここでは妄想や幻覚などの異常体験も広い意味での行動異常に含めておく）が出現する。そしてこの行動異常は、多くの場合、現実の対人関係を改変して患者にとってまだしも適応しやすい非現実の対人関係を創作するという意味を帯びている。患者の言動が周囲の人にとって不自然に思われるのは、とりあえずは患者の創作したこの非現実の対人関係が周囲の人達の常識に符合しないからである。

しかしこの一見わかりやすいストーリーは、少し深く考えるといくつかの難しい問題を含んでいる。「関係が自己を育てる」という場合の「関係」は、自己にとってどんな意味をもつのか。あるいは関係に育てられるような「自己」とはどのような自己なのか。自己が十分に形成されなかったとき、どうして関係は自己を否定する暴力として姿を現すのか。そしてなによりも、そのような自己否定的な関係と自己との関係は、どうしてそれほどまでに不自然に見えるのか。また、そのような関係に対応する患者の行動は、周囲から見てどうして常識から外れた不自然な行動となるのか。

日本語で「自己」という場合、それは例えばドイツ語のselbstや英語のselfのような「それ自身」の意味には収まらない。自己はけっしてselbstやselfのように三人称の客体にならない、あくまでも一人称の主体としての「私」を指している。「自己」とはselbstがそうであるように「他人ではない自分自身」であることを示す単なる標識であるだけにはとどまらず、この世に生を受けて以来、現在に至るまでの歴史を担い、その限りにおいて私以外の誰一人とも共通点をもたない個別者を指している。そのような個別者として、自己はこれから先の未来を、他の誰の未来でもない自分自身の未来として引き受けなくてはならない。引き受けるだけでなく、自分自身の主体的な意志と行動によって未来を創り出して行かなくてはならない。自己は他者と交換不可能な歴史と未来を生きるものであるかぎり、個別的主体である。

この意味での自己の個別的主体性は、自己の「死」(Tod)においてその極限に達する。我々はみずからの死を絶対的に自分自身の死として死ななくてはならない。死は自己の個別性の極限である。ブランケンブルク氏も「主体の死」と題するすぐれた論文の中で、《個別性の真実はその死である》というヘーゲルの言葉を引用している。人間以外の生きものがどの程度まで自己の死を主体的に意識しているかはもちろん判らないが、少なくとも人間の自己が一回的な個別者であることは死の意識に、言い換えれば生の一回性と有限性の意識に集約的に現れている。

しかし、我々が自己と呼んでいる主体の主体性は、そのように絶対的に他者から区別された単独的個別者のそれに尽きるものではない。人間以外の多くの動物と同様、我々人間も群れをつくって生きている生きものである。渡り鳥や魚の群れ、あるいはミツバチやアリの集団と同じように、我々の自己の主体的な意識や行動にも集団への帰属性が色濃く反映している。この事実は、ラグビーやサッカーのような団体スポーツに参加している選手一人ひとりの意識や行動を考えてみるとよくわかる。それぞれの選手の意識や行動に方向を与えている意志には、いま自分がどのようなプレーをすべきかの判断のほかに、各人の体調や能力についての意識や功名心といった個別的な部分も多分に含まれているだろうけれども、それに劣らず、チーム全体への帰属性の意識、チーム全体の目標に向かって行動しようとする意識も、その大きな部分を占めている。この集団的主体性の意識は、各選手の個別的主体性の意識とは違って、選手によって強弱の差はあっても、質的にはチーム全員に等質のものと考えてよい。そのかぎりにおいて各人は、能力その他の外的条件さえ満たせば他の誰とでも交換可能な、全体の一部にすぎない。

集団を構成する各メンバーの自己意識における集団的主体意識と個別的主体意識のこのような重なりあいを明白に示しているもう一つの例は、合奏音楽の演奏に参加している各奏者の意識である。例えば室内楽の演奏において、各奏者はもちろん自分のパートを可能な限りすぐれた仕方で演奏することに注意を集中している。だから個別的主体性の意識はあくまでも保たれている。しかしそれと同時に、各奏者の演奏は合奏全体の音楽の流れによって常に方向づけられている。というよりもむしろ良質の合奏においては、不思議なことに、各奏者は自分のパートだけでなく、他の奏者の演奏する音楽をも含めた合奏全体の音楽を、あたかも自分自身の力によって創り出しているかのような錯覚を常に抱いている。各奏者は、各自の個別的主体性の意識のほかに、集団的主体性の意識をも常に自分自身において感じとっていて、本来なら自分が受動的にそれによって制約されているはずの合奏全体の音楽の流れを、あたかも自分自身の手によって能動的に創り出しているかのように錯覚している。個別的主体性が集団的主体性を自己に統合していると言ってもよい。

それとは逆に、個別的主体性が集団的主体性のなかにほぼ完全に埋没して個々の主体の一回性が成立困難になるような状況もある。これには、大きく分けて、強大な指導者による統制が徹底している全体主義的な集団と、いわゆる群衆心理によって支配された無構造の集団があるだろう。いずれにしてもそのような集団においては、各個人は指導者やアジテーターによって吹き込まれた集団全体の意志を、自分自身の個別主体的な意志であるかのように錯覚することになる。

集団的主体性と個別的主体性の間のこのような相互関係は、ヴィクトーア・フォン・ヴァイツゼッカー門下のパウル・クリスティアンとレナーテ・ハースによって、作業生理学的にも実証されている。彼らは二人が一本の鋸の両端を握って共同して材木を切る作業をモデル化した実験装置を用いて、二人のそれぞれの行動と全体の作業成績との関係を測定した。詳細は省略するが、この実験の結果、このような状況においては、二人の相互作用を捨象して一人の被験者単独の作業を取り出すことは絶対に不可能であることが証明できる。言い換えれば、個別的主体性は、程度の差はあれ、どのような状況においても常にいくばくかの集団的主体性の作用を受けたものとしてしか成立しないということである。

クリスティアンたちも書いていることだが、このような集団的主体性は二人での共同作業という状況だけでなく、三人あるいはそれ以上の人数の場合でももちろん成立するし、一定の目的をもった作業でなくても、何人かの人が集まって会話を交わしているような場面でもつねに成立している。その典型的な例は、恋人のような親しい二人の会話だろう。そこではヴァイツゼッカーがプロレプシスと名づけたような次の行動の先取りが、話し相手の言葉に対しても行われて、その結果「以心伝心」とでもいうべき事態が見られることもある。

この集団的主体性の作用は、ほとんどの場合、集団を構成する各人にはそれとして意識されていない。各人はこれを、普通は単純に自己自身の自発的な意志だと錯覚している。しかしある程度内省力を備えた個人なら、自分の行動や意識が非人称のあるいは無名の大きな力によって動かされていることに気づくはずである。その場合この力は、「ひとりでに」「おのずから」そうなっていくような、いわば無名の自発性として、つまりはジネンのこととして感じられることとなる。そして、各個人の自己がこの集団的主体性に押し流されまいとして、ことさらに個別的主体性を意識するとき、そこに「みずから」という自己の自己意識が成立することになる。

我々は生まれ落ちて以来、はじめは母親との二人関係において、次にそこに父親や兄弟が加わった家族全体の人間関係のなかで、さらには学校や職場、自分の加入するさまざまな団体、そしてついには国家や民族、人類全体といったサイズで、集団的主体性と個別的主体性との複雑な絡み合いを経験しながら、自己というものを育てていく。我々が自己と呼んでいるものは、実は他者から独立した個別的主体性のことではなくて、集団的主体性と個別的主体性との関係そのもののことだと言わなくてはならない。しかもこの関係は、けっして固定した二つのものの間に二次的に発生するような関係ではなく、この関係自身が集団と個人との関わりを生み出し続けて行くような、そしてこの関わりによって常に新たに形成され続けて行くようなきわめて動的な関係である。最初のほうで述べたキルケゴールの「自己とは関係が関係それ自身と関係するような関係のことである」という言葉が言っているのは、このことにほかならないだろう。

自己がすでに関係であるとすれば、関係が自己を育てるというときの「関係」は、単なる対人関係のことではありえない。それはなによりもまず、個別的主体性と集団的主体性という自己自身を構成している二つの契機の間の関係でなくてはならない。関係は自己の外にあるのではなく、自己の内部に、自己を成立させている根底として働いている。これを逆に言うと、ヴァイツゼッカーがすでにはっきりと見て取っていたように、自己は（ヴァイツゼッカーは「主体」と書いている）有機体と環境との出会いの原理として、両者の接点に、いわば界面現象として成立するということになる。ここで有機体というのは、我々の文脈で言えば「みずから」の「身《み》」、すなわち身体的存在のことであり、環境というのは、外界も内界も含めた「自然」の「おのずから」の動きのことだと解していいだろう。主体としての自己は、「みずから」と「おのずから」の接触面で、生命体としての有限な身体的自己とジネンの自然な営みとの関係（ヴァイツゼッカーのいう「根拠関係」）として成立する。

ヴァイツゼッカーのいう「根拠関係」としての主体性は、我々が「主体性」という言葉から考えがちであるような、自己意識によって管理された心理的な意味での主体性ではない。アメーバのような単細胞生物でも、それが絶えず環境との間に緊密な相即（Kohärenz）の関係を保ち続けているかぎりにおいて生存を維持することができる。このコヘレンツの関係がアメーバの主体性にほかならない。だから、生体に外部から異物が侵入したときに開始される免疫系の活動も、個体の自己意識とは無関係な生体自身の主体的行動である。生物進化の途上において何らかの時点から、個体全体の主体性が神経系によって統合されるようになり、人間に至ってついに「自己意識」が成立するようになった。それは恐らく、大脳優位半球の異常な発達と深いつながりをもつ出来事なのだろう。そしてそれと同時に、人間という生きものは自己自身の一回かぎりの生存を、つまり自己の死を、ヘーゲルのいう意味での「個別性の真実」として意識するようになった。

自己意識の成立に伴って、本来は自己の母胎であったはずの自然もその意味を変える。自らを一回的で有限な、可視的（sterblich）な身体的生存として、つまり「ここ」と「いま」（hic et nunc）における内在として意識することになった自己にとって、自己を取り囲む環境的自然は、自己の生存に対する外からの脅威として、自己を確保するために征服し、支配しなければならない野生の力として意識されることになった。自然科学と技術文明が華々しく登場することになった。このようにして自然が対象化されて自己と対置されるのと軌を一にして、個別的主体性も集団的主体性に依存しない独立の自律性と考えられ、「みずから」の自己性は「おのずから」の自明性を否定し止揚することによって成立するものとして理解されることになった。このように自己と自然を主観と客観として明確に対立させる思考法が、西洋近代において特に顕著に現れていることは言うまでもない。そしてこの対立の図式と、西洋言語のすべてが状況に依存しない一義的な一人称名詞（例えばドイツ語のich）を有していることとは、けっして無関係ではないだろう。

しかし、進化の過程において自己がいかに自然から自らを分離し、個別的主体性を自己意識のなかに取り込んだとしても、人間が生きものとしての人間であるかぎり（人工知能によって完全に取って替わられないかぎり）自己はあくまで自然によって構成され、個別主体は集団的主体性との関係においてしか個別主体でありえない。自己はけっして他者から切り離され、そのつどの他者との関係に依存しない「自我」（das Ich）としての自律的な単独者ではありえない。「みずから」と「おのずから」は相互に否定し合い止揚し合うものであるよりはむしろ、不可分に絡み合って、その交錯点に自己の自発性を生じさせるような、自己性の二つの構成契機と見做すこともできる。

例えば、先にも述べたように、分裂病患者の社会生活を妨げている最大の困難は（社会生活を妨げられなければ彼らは我々の治療対象にならない）自律的な自己の発達が弱いという点にある。そして一部の内省力に恵まれた患者は、この自己の確立不全と自らの気分や行動の不自然さとを、さらには分裂病特有の自己の非自己化をも、全く一つのこととして経験している。例えば私がよく引用する或る女性患者は、

《自分の自然な感情が出せないから、自分というものが出せず、自分ではないという感じだった。自分を出したい出したいと思って出せずにいるうちに、人が自分のなかにどんどん入ってくるようになった》と言う。ここには、上に述べた内在的な自己意識の成立に伴う自然の外化とは明らかに違った事態が語られている。ここで患者の語っているのは、自己存在の根底をなす自然がその自然さを失うときに、自己は自己性を失って非自己化するということである。この非自己化した自己は（まるで精神の自己免疫疾患と言ってもよいような仕方で）内的な自己あるいは自我に対する外的異物となって自己を脅かすことになる。そして、この女性患者がそうであったように、本来は自己を育成する土壌であったはずの家庭内対人関係が、自我としての自己を抹殺する巨大な暴力として姿を現す。

ブランケンブルク氏は、「自然な自明性」（natürliche Selbstverständlichkeit）と「自立」（Selbststand）は「弁証法的」に関係し合っており、「おのずから」（Von-selbst-sein）と「みずから」（Selbst-sein）は互いに「相補的」（komplementär）な関係にあると言われる。「みずから」あるいは「自己」の自立性（Selbständigkeit）を、西洋的な「自我」の意味に解すればその通りだろう。これに対して日本人の「自己」ないし「自分」は、それと少し違ったコノテイションを含んでいるのではないかと思われる。それは「おのずから」そうであるところのジネンさとの間に、相補的・相互否定的ではない、より有機的な関係をもっているらしい。そして精神分裂病という事態においては、このような「自己」と「自然さ」が、同じ一つの根本的な障害をこうむっているらしいのである。

状況非依存的・抽象的に固定された「自我」という一人称代名詞を遂に発達させなかった東洋の文化は、科学技術の進歩という点でも、個人の尊厳という点でも西洋文化に後れを取ることになったが、いわばその代償として、自己の自然との近さ、この両者の等根源性（Gleichursprünglichkeit）、個別的主体性と集団的主体性の共属性（Zusammengehörigkeit）あるいは不可分性（Untrennbarkeit）についての豊かな感性を保存している。そしてこの感性は、多くの精神科疾患、ことに精神分裂病のような人間関係の病理を考察する際に、西洋思想の重い伝統を踏まえた西洋の精神病理学の精緻な概念体系（Begrifflichkeiten）に対する一つの重要な補完の意味を担いうるものと私は考えている。

第五章　精神病理学的観点からみた自然さと不自然さ

W・ブランケンブルク

日本では、技術文明の進歩が特に目ざましい一方で、「ありのまま」を重んずる古来の文化も残っており、「自然と自然さ」の問題に対する関心はヨーロッパ以上に強いのだろうと思われる。しかしドイツでも「自然」は焦眉の問題となっている。環境保護（奇妙なことに動植物の保護が「人間保護」より優先する形での）とか、技術文明がもたらす破局に対する安全策ということが世論の（そしてマスコミにおいても）重要なテーマとなっている。「環境問題を本気で考えないのは、破壊に手をかすということだ」（ハーメレ、一九八八）という類の戦闘的なスローガンの数々が叫ばれている。行動や体験の「自然さ」については同じことは言えない。逆に人々は今日、ほんの数十年前と比べても、自分の「殻から抜け出し」、自分の感情に対して誠実になり、それをずっとこだわりなく表出するようになっている。この点で日本の状況はどうなのか、討論に期待している。

「自然」や「自然さ」は多義的な言葉で、さまざまな意味を持ちうる。西洋の言葉と日本語でのこの言葉についてはテレンバッハと木村の優れた研究（一九七四）があるから、それに付け加えることはほとんどない。

このような領域では語義の分析がとりわけ重要である。というのは、それによってわれわれが「自然」とか「自然さ」とか呼んでいるものの元来の体験を明らかにすることができるのだから。現象学的方法も、その端緒から入念な語義分析を行ってきた（例えば、多義語の解明の形で）。しかもそれは言語学的な仕方ではなく、「本来の意味」、つまりその語の中へ（不完全にではあれ）捉え込もうとしている意味を取り出すという仕方でである。

われわれが「自然」の概念と結びつけている意味は、その反対は何かということと大いに関係する。いくつかの対概念を挙げると、

自然と歴史（Natur vs. Geschichte）
自然と文化（Natur vs. Kultur）
自然と技術の産物（Natur vs. technisch Bewerkstelligtes）
自然さと人為（Natürlichkeit vs. Künstlichkeit）

「自然」の語義のスペクトラムの一方には、自然科学の対象（Gegenstand）としての自然が、技術文明の利用する資源（Bestand）（ハイデガー、一九五四）としての自然と緊密に結びついた形で位置し、他方には私に対峙しない自然、私がそれでもって何かを「する」（mit der ich es “zu tun” habe）〔それに関わる〕の

ではなく、私あるいはわれわれがそれである（die ich "bin", bzw. die wir "sind"）ところの自然が位置している。つまり、方法論的な手段で媒介された自然と、純粋に無媒介のあるがままの自然との対比がある。自然さについて多い少ないと言う場合の基準となるのは、このあるがままの自然のほうである。この両極の対比を見失わないようにして、それを議論の中で生かさなくてはならない。

「自然な」（natürlich）という概念もそれに従って様々に変わる。上に挙げた以外にもいろいろな意味をおびてくる。日常用語では「自明な」（selbstverständlich）という意味が際立っている。「不自然」（Unnatürlichkeit）とは大抵は「人為的」（Künstlichkeit）のことで、これが高じると「気取り」（Affektiertheit）とか「衒奇」（Manieriertheit）とかになる。

「自然」（Natur）との関係が、人類の発達段階における各時代ごとに新たに問われるのと同様、何が「自然」（natürlich）かの問題も、時代ごとに変わってくる。そしてこの問題は、特に精神病理学や精神医学にとっても興味深い問題である。

文化が急激に変わるときにはいつも、自然との関係も変わる。外的な自然（環境として出会う自然）が変わるだけではない。自分自身の自然（本性）（die eigene Natur）、ことにわれわれが「自然さ」（natürlich）というときに最も問題になる自然との関係が、それ以上に変化する。

今日、人間の自然（Natur des Menschen）と言う場合には大抵、解剖学や生理学の教えるような生物学的知識を念頭に置いている。つまりそれはほとんどの場合、対象化された（vorgestellt）自然であって、内在的（immanent）な自然（＝われわれ自身のなかの自然、私が「表象」する〔"vorstellen"〕自然ではなく、私がそれである自然）ではない。内在的な自然とは、さまざまな程度に無媒介的な〔あるがままの〕ありかたのことで、容易に客観化できないから、科学者の注意を引くこともめったにない。

古代ギリシャの「自然」の概念はそれと違って（アリストテレスでもっともはっきりしているのだが）「内的な」自然と「外的な」自然の区別を第一義にはしていない。古代ギリシャ語が第一に区別したのは、「自然なもの」（das Natürliche）と「作られたもの」（das Gemachte）、「製作されたもの」（das Hergestellte）、「操作されたもの」（das Manipulierte）、「装ったもの」（das Gekünstelte）である。アリストテレスは「ピュセイ・オン」（自然にあるもの＝製作されたのではないもの）と「テクネー・オン」（製作されたもの）を区別した。これは両方とも、外的な自然（環境に存在するもの）にも、内的な自然（人体を構成するものと、心の動きの中に「おのずから」〔von selbst〕見いだされるすべてのもの）にも用いられる。ただしギリシャ人は、内的な自然より外的な自然により注目していた。しかし、さまざまな文化のすべてでそうだったわけではない。例えばインド人や東アジア人たちは、心の動きを洗練し、きめ細かくすることにヨーロッパ人よりもはるかに大きな注意を払ってきた。

諸民族の間には昔から、内的自然と外的自然のどちらにより多く目を向けるかの違いがあった。人間と自然との関係という問題は、社会的・文化的な（さらには科学的な）コンテクストが転機を迎えるたびに変動に見舞われた。クーン（一九七一）の言い方では「パラダイム・クライシス」である。人間の行動や体験のパターンが変わったり、激しい変動の渦に巻き込まれたりするときには、特に「人間の自然」の（内的な自然であれ外的な自然であれ）予測不能性が語られるような場合には、パラダイム・クライシスが出現する。人間の身体性という自然（Natur seiner Leiblichkeit）は、この内的自然と外的自然との間に位置するものである。

いずれの場合にも、ここで「自然」と呼ばれるものへの（われわれを取り巻く自然への、あるいはわれわれ自身の「内部」の自然への）アプローチの仕方が問題となる。自然という現実も、歴史の現実と同様、時間のうちで流れる一定の構造を示している。歴史も自然も、外から見れば「時間的」である（ハイデガー、一九七九、七頁）。歴史と自然の時間的な流れの構造に対峙するのは、数学的な諸関係のように比較的に時間外にあるものや、形而上学や神学のように「時間を超えて」構想されたものである。

この点に関する決定的な判別基準として挙げられるのは、時間性の性格である。その際、「自然」が（おのずから生い立って成長するものとして）人為的に作られ操作されるものと区別されるかどうか、あるいは「自然」が「歴史」と区別されるかどうか（つまり「自然さ」と「歴史性」が対比されるかどうか）の違いが、少なからず重要である。

人間と自然（一方で自然な事態や発展、他方で「現存在の歴史性」）の両者を同一の概念的コンテクストに包含できるような包括的なカテゴリーのもとでのアプローチが必要となる。そこで、人間的現存在にのみ歴史性を認めるか、それとも人間以外の自然まで包括するような歴史性を考えるか（この点をカール・フリートリヒ・フォン・ヴァイツゼッカー（一九四六、一九七七、一九九一）が論じている）の違いが出てくる。

最近のところではディルタイ以来、自然と歴史を方法的に峻別する二分法がある。「われわれは自然を説明（erklären）し、歴史を了解（verstehen）する」（ディルタイ、一八九四、一四四頁）。まるで二者択一のように聞こえるこの厳格な対比が、事柄自体に基づくものではなく、われわれの方法論的な制約ないしアプローチの可能性に由来するものであることは明白である。しかしそれが実際に時代を超えた妥当性を持ちうるものかどうかは、さしあたり問題にされていない。

ヤスパース（一九一三／一九四六）が、この〔ディルタイの〕方法論的な対比を存在論的な対比として公式化し、いわゆる「古典的」精神病理学の基盤に捉えたのは不幸なことだった。精神医学はそこから多くの遺産を（一方では方法的明晰さを、しかし他方では災い多い分割を）受け継いでいる。この分割を、口先だけではなく、事柄そのものから克服することが必要なのだが、これは容易なことではない。

時間とは、自然と歴史の両方を一つのまとまった出来事として捉えることができるような、またそのように捉えなくてはならないような、そんな現実に根を張ったカテゴリーのひとつである。生殖細胞から受胎と胎児期を経て、さらに早期幼児期の発達を経て成人になり、自由な責任を引き受けるようになるまでには、長い発達の道程が必要である。言うまでもなく、ここには事柄自体の点で〔自然と歴史の〕明確な区別などありえない。一方と他方のどちらが優位を占めるかの点で、変化が見られるだけである。

逆説的に聞こえるかもしれないが、個人的存在の歴史の始まりが受胎や誕生の時点と合致しないような、そんな歴史性の始まり（Anfang der Geschichtlichkeit）を問うことができるし、そのよう問いが必要である。さらにその後の全人生にわたって、自然からと歴史からのさまざまな影響の比重が（年齢ごと、状況ごとに）非常に動揺する。この両者の関係が生の流れのなかで常に変動するものだということは、入眠と覚醒についての日常の経験が、まだ乳児と成人との比較が物語っている。

自然のほうが、疑いなくより基本的である。出来事のまとまりが示す歴史性は「自然の基盤」なしには考えられない。「われわれは自然を了解しなければ自分自身も自分の歴史も了解できない」とゲオルク・ピヒト（一八八九）が（彼自身、あくまでも精神科学の伝統の代弁者であるにもかかわらず）書いている。とはいうものの、自然だけから歴史を正しいカテゴリーのもとで捉えることはできない。人間や人類の歴史だけを考えるのではなく、C・F・フォン・ヴァイツゼッカーの言うように、包括的な「自然全体の歴史」を（それ自体としては完全に非歴史的な自然法則まで含めて）考えるなら、歴史のほうがむしろより高次の意味で窮極の包括者ではないのかを論ずることすらできるだろう。

それはともかくとして、人間存在の歴史性は志向性（Intentionalität）なしには考えられない。志向性と自然連関とは明らかに異なっている。この両者の間に方法論的な移行は存在しないように思われる。ただしわれわれは（子供の成長とか、自分が毎朝深い眠りから目覚めるときの体験とかを考えてみると）つねに、志向性がどのように切れ目なく自然的な存在から分離されてくるかを追いかけることができる。事柄からいうと志向性は自然に根ざした連関なしには考えられない。しかしこの移行を研究する方法論はまだ全然与えられていない。

「自然」と「自然さ」という主題は、うっかりすると余りにも普遍的な、哲学的な議論だけにとどまってしまう。しかし私は、ここから出てくる問題を具体化することが大切だと思う。精神科医としては、精神病理学から実例を選ぶのが一番いいだろう。しかしこの実例には普遍的な人間的問題が反映している。

私が実例として選ぶのは「衒奇」（奇をてらう）（Manieriertheit）という現象である。これは分裂病者に普通に見られる行動異常であって、特に古い文献には印象的な実例がありありと記述されている。ビンスヴァンガー（一九五六）の描写がもっとも詳しい。これは決してクルト・シュナイダーのいう一級症状や二級症状のように輪郭のはっきりした症状ではないが、きわめて特徴的なものである。

クレペリン（一九〇九、三八八頁以下）は分裂病者の衒奇を「奇嬌さ」（Verschrobenheit）や「常同性」（Stereotypie）の下に分類している。「日常の習慣的な運動や行動が副次的な欲動によって変形すると、健常な体験においても病的な体験においても、常同的になる大きな傾向を示す。それは特に言語において著明である。患者は気取った標準語で、誇張した言い回しで、裏声で、一定の抑揚で、リズムで区切って口を閉じたままなどの仕方で囁いたり呟いたり語ったりする。語音を歪めたり変えたり、縮小語尾を沢山用いたり、奇妙な形容詞を使ったり、口頭でも文書でも同じ単語や文型を限りなく反復したり、文章を口笛で、あるいは鳥の囀りのように語ったり、節をつけて泣いたりする。この奇妙な行動を衒奇、言語の衒奇、食事の衒奇、歩き方の衒奇、挨拶の衒奇等々と呼ぶ。これは限りない多様性を持ってはいるが、極めて差まざまな患者にしばしば呆れるほどの同形性でもって認められる。その一方で、それが共通の一つの基本障害から出てきたものであることも明らかである。それは多数の慢性患者において、かつての病的徴候の最後に残った異常であり、それを見ると過去の状態がどうだったかが難なく推測できることが多い。」ここで重要なのは、これが共通の一つの基本障害から出てきたという指摘である。ただしクレペリン自身はこの基本障害をほとんど探究しなかった。

今日われわれにとって衒奇的行動は、〔分裂病の〕標識を識別する指標、あるいは記述的精神病理学の対象（リンネが植物に見いだした特異性のような）に尽きるものではなく、その力動が問題となる。一方でこの行動異常は、ごく要素的な次元で、自然な自発性が欠如している現れと見なされる。しかし他方それと同時に、この障害自身を克服しようとする努力とも見なされる。分裂病の多くの症状がそうであるように、ここでもその両方が絡み合っている。それが現実対応策（Coping-Versuch）の失敗であるだけでなく、一定の限界内では実際に成功でもある（つまり本来の障害克服の可能性である）ことは、われわれがダンス療法で行った試みが示している。

以前私（ブランケンブルク、一九六九、一九七四）は、分裂病者の衒奇（Manieriertheit）と様式史上のマニエリスムの時期との関係を、六〇年代にフライブルグで行ったダンス療法の経験に基いて論じたことがある。「ダンスの（古代から現代までの）時代的変遷」の実験で判ったことだが、分裂病者にはそれ以外の患者たちと違って、ルネサンスからバロックへの移行期、つまりマニエリスム期のダンスに特別な親和性がある。儀式ばった細密な運動形態（例えばマドリードのフェリペ二世の宮廷でのダンスに見られるような）が、明らかに分裂病者に受ける。この事実は、そういったダンスに組み込まれている距離、媒介性、あるいは直接性の遮蔽といったものが、患者にとってはダンスに含まれる他者との出会いを和らげ、無害化していると解釈するのがもっともいいだろう。この解釈は、分裂病患者の〔衒奇的な〕マニエリスムが、原発的な症状であるよりむしろ、比較的自動的に成立した（不十分な）克服策（対応策）であることを物語っている。

かといって衒奇症状とマニエリスムの関係を強調しすぎるのも、もちろんいけない。明白な相違も見逃せないからである。第一、マニエリスムはいかなる分野のものであれ、間主観的に構成され是認された行動様式であるのに対して、分裂病者の奇妙さは「奇怪な」もので、個人的（idiosynkratisch）な性格を帯びている。われわれの文脈で強調しておきたいのは、このような行動様式のもつ「不自然さ」には恐らく（分裂病患者で想定されるように特に大脳辺縁系の変化という）神経生物学的な条件も関与しているだろうということである。

マニエリスムの実例が特別に興味深いのは、精神病以外の分野でも人間の体験や行動にはそれと一定の近縁関係をもつ現象が見いだされるからである。芸術史では「マニエリスム」の概念は定着している。日常生活でも他人の行動をmanieriertだという場合が少なくないが、それには何らかの病的な意味はなく、ある人が過度に「堅苦しく」（förmlich）行動したり、「奇嬌」（verschroben）とまでは言わないまでも（つまりその人がだからといって精神病だというわけではないにしても）「上品ぶった」（gewählt）、「わざとらしい」（gekünstelt）、「気取った」（geschraubt）話し方をしたりしているという意味である。「尊大」（prätentiös）な身振りで目立つ場合もある。

これらすべてのことは、「自然に」「あるがままに」ふるまい、「腹蔵なく物を言う」（der Schnabel gewachsen）、その他いろいろな言い回しで言われるような人たちとは反対である。そういった表現はもちろん日本語にもあるだろう。しかし私の推測では、「自然」と見なされることと「わざとらしい」言動と感じられることとの境界線がヨーロッパとは違った引かれ方をしているのではないだろうか。ヨーロッパ内部でも民族が違い、教養の層が違うと、この点でかなりの差が出てくる。というのも、これは（現象学的な用語を使えば）間主観的に構成された行動や感覚のパターンであり、そこから生み出される判断も、文化やサブカルチャーへの明瞭な依存性を示しているからである。

どんな（wie）境界線がどこに（wo）引かれるかについては、はっきりした文化依存性が見て取れるだろう。しかし、そもそもそのような境界線があるということ（daß）、この事実は文化を超えて、文化よりももっと深い根を持つ（窮極的には恐らく社会生物学的・心理生物学的な）現象ではないだろうか。一方では、それは「社会による現実の構築」（social construction of reality）（バーガーとルックマン）の領域に属する現象である。他方では、「自然さ」と「不自然さ」（「わざとらしさ」や「気取り」など）の境界がどこに引かれるかでなく、それがどこかには引かれるということに関して、行動生物学的（行動学的）な要因が根本的な重要性を持つということも否定できないだろう。

広い自然に（「広い猟場」に）生きている動物たちには、そんな現象はほとんどないのだろう。動物が人間によって調教される場合なら、それが出てくる。そういった行動様式が「自家製」（selbst-gestrickt）で成立するものだとすると、それには一定程度の反省意識（Reflektiertheit）が必要だということになるが、動物はそれを持っていないのである。（チンパンジーになら反省意識がすでにあるのかどうかという問題は、ここでは論じないことにする。）

人間の場合に「自然さ」と「わざとらしさ」の区別が容易でない理由は、（プレスナーその他の見解では）「不自然さ」がある程度まで人間の「自然」につきものだからである。それは丁度、考えたり自分を省みたりするのが人間にとって不自然なことではなく、むしろあまりにも自然なことであるのと同じことである。

「人間はすべて、本性において知ることを憧れる」Pantes anthropoi tou eidenai oregontai physei

〔「私が学生時代の大部分を過ごした」フライブルグ大学の玄関にはこう書かれている〕。このアリストテレスの文章はさまざまな語にアクセントを置いて読むことができるが、われわれの文脈でいうと「本性において」（physei）（＝自然から〔von Natur aus〕）の語がもっとも重要である。

これは（例えばサムライのことを、それからまた現代のマネージャーの振るまいを思い浮かべてみるなら）それと比較することもできるだろう。どの点を越すと態度がポーズに変わって、それだけではまだ病的とは言えないまでも、「気取った」印象を与えることになるのか。そしてどの点を越すと、ポーズがもはや虚栄心の強い、「気取った」人の表現には収まらなくなって、分裂病特有の「衒奇」と見なされることになるのか。この問いには簡単に答えることができない。ということは、思考が人間の「自然」（「本性」〔Natur〕）に属していて、自然と対立する（だけの）ものではないということなのだ。

〔自然と不自然の〕境界は、およそ簡単に定義できるものではない。それを決めるのは〔学問 Wissenschaft の対象ではなく〕目利き（Kennerschaft）の技なのである。錯覚も起こりうる。それでもわれわれは日常の臨床で、この境界線を引く仕事を避けては通れない。というのも「一級症状」のない分裂病者は、そういった一義的な症状を持つ患者よりも数の上で多いのだから。そこでわれわれは、どんな形の反省意識が人間にとって有益なのかという問いに立ち戻ることになる。人間の進化においてプラスの意味を持っているのは何なのか。そして他方、どんな形の反省意識が「病的」だったり、それどころかそれだけですでにある種の病気の（例えば分裂病の）表出と見なされたりするのか。コンラート（一九五八）は周知の通り、初期分裂病に基づく典型的な症状として「内省痙攣」（Reflexionskrampf）を挙げている。

ここでわれわれは、六年前に名古屋の河合文化教育研究所で開かれた日独シンポジウムの核心部分に立ち戻ることになる。それは「自己」（Selbst）の適切な概念化をめぐる問題だった。日本側では特に木村がこの問いを強調し、論及した。私がそのとき詳しく述べた（そしてすでにそれ以前に私の教授資格論文〔『自明性の喪失』みすず書房〕で「自然な自明性」の概念の分析において暗示しておいた）私自身の見解は、次のようなものである。ドイツ語のselbstの概念も、他の一連のヨーロッパ各国語で用いられるそれに相当する概念も、奇妙な二義性をもっている。この語はまず、自己意識（Selbstbewußtsein）その他の表現が示すような「自己」（Selbst）、つまりカントが〈あらゆる私の表象に「必然的に伴いうる」（muß begleiten können）〉と言っているところの〔「私は思う」Ich denke の〕「私」（Ich）を表しうる。しかし一方でこの語は、「ひとりでに」（von selbst）のように小文字で書かれて、自我と非我が未分離のまったく無名の何かを表現することもできる。前者では人称性の明瞭な自己が意味されているとすると、後者ではこの上なく無名の存在が意味されている。

このselbstという語の二義性が、他にもたくさんあるような偶然の言語特性ではなくて、きわめて根本的な事態を表しているということ、このことは全く別の語源に由来するselbstに相当する語も、これと同じ二義性を有することからわかる。

それには例えば「自律」（Autonomie）の語の前綴となっているautosの語がある。自律は一方では（カントの用法では）おのれの法則をみずから（selbst）規律する人称的理性としての自律性（Eigengesetzlichkeit）を意味している。しかし他方でこのautosは、「自律性」（autonom）、「自動的」（automatisch）、「自動機械的」（automatenhaft）などの言葉にも出てくる。両方の場合ともそれ（autos）は「自」（selbst）を表すのだが、一方は「私」として自分の自立性と自己責任を意識している「自己」の意味であり、もう一方はごく無名の「ひとりでに」(von selbst)の意味である。この「ひとりでに」は、底深い、「底なし」の根底からの窮極の規定である場合もあるし、ただ単にまったく無名の機構が「ひとりでに動く」(Von-selbst-Gehen)ことである場合もある(この場合のauto-は、他からの作用が直接に加えられていないということだけの意味である。)この意味で例えば「自律神経系」という言い方は、自律的な「私」には従わない、だからむしろ「自律的」でない領域を指している。(私の論文「精神科臨床における自律と他律の問題」で、私はこのautosの二義性と「格闘」し、この二義性の「餌食」になってしまっている。)「自律神経系」にとって自意識(内省)(Reflektiertheit)は、それを外から規定するものであり、病因的とは言わないまでも調和を乱す要因と見なされることが多い。

以上のことから、私のテーゼは次のようである。自然との正しい関わり(人間の内的自然〔自己意識および自己責任の意味での〕とその自律神経系の〔あるいはむしろ生体全体の〕「自律的」な自然〔本性〕との、さらにはとりわけ人間を取り巻く自然との正しい関係)は、selbst(あるいはautos)の二つの意味が合致する場合に得られる。

かつて一九八六年に、私は京都での講演でシラーの詩を引用した。

もっとも気高いもの、もっとも偉大なものを求めるのなら、
植物がそれを教えてくれるだろう。
植物が意志をもたずに在るありかたを、意志をもって在る——それでよいのだ!

テレンバッハと木村がドイツ語と日本語の「自然」概念についてのすぐれた論文で述べているように、日本語にもドイツ語と十分に対比しうる諸概念がある。「自然さ」の概念に関しても、それに相当する日本語の言葉があるだろう。この点では、日本語のできない私は日本の方々に教えて頂かなくてはならない。日独の見解の一致点だけでなく、本質的な相違や不一致の本質を取り出すこと、これが「自然」と「自然さ」の問題に係わる対話の要点となるだろう。

木村　敏　訳

ディスカッション

司会（大橋）　これで二つの講演が終わりました。ディスカッションに入る前に、ごく簡単にこの公開シンポジウムの性格を兼ねて方針を申し上げて、午後の討論の参考にしていただきたいと思います。この公開シンポジウムを始めました時に、企画した側としていくつかの観点を考えておりました。一つは講演される先生方の専門の分野のいわば深みから話をしていただくこと、次に一般公開という性格がありますので一般的な広がりに出て話していただくこと、です。今日の二つのご講演でも精神医学という専門性に根ざしながら、同時にブランケンブルク先生のお話にもありましたように、普遍的な一般的な人間性にも触れるものでした。

第三点として、その専門性の深みと一般的な広がりの他に、日独文化研究所の企画ですので、日本とヨーロッパないし日本とドイツとの文化交流という観点も設定しておりました。今日のご講演で言えば、それぞれに二人の先生方が、日独ないしは日本とヨーロッパの違いというものに触れておられたと思います。お二人の先生方がそれぞれの仕方で、Selbst、自己というものの二義性について述べられたので、この二つのご講演がそのまま日独両方のそれぞれの文化地盤を背負った講演であったかと思います。

それではディスカッションに入りたいと思います。まずヴァイツゼッカー先生にコメントをお願いしたいと思います。

ヴァイツゼッカー　お招きいただいた上、コメントの役を仰せつかって大変光栄に存じます。今日触れられた問題は、同時に哲学的な問題にもなっております。このディスカッションの六十分間の中で来るべき一世紀の科学の成果をもし先取りすることができたら、この問題に解決を与えることができるのですが、このディスカッションに付け加えるべきことを既に一昨日の国際高等研究所の開所式で述べております。

先立ってまず、私の叔父のヴァイツゼッカーと、私の師匠のハイゼンベルク、それから一九三五年に行ったハイデッガーとの対話、この三つを想起することにしたいと思います。ハイデッガーのところに当時八名の人が招かれました。ハイデッガーは叔父のヴァイツゼッカーとハイゼンベルクに、「主体性、主観性というものがどういうふうにして自然の中に入ってきたかという問題について述べてみよ」という質問をされました。ハイゼンベルクが言われますのに、「ボーアに代表され始まった量子力学、現代の物理学において、そこで語られているような自然の概念あるいは自然の記述は、もしもそこにおいて主観性、主体性というようなものへの連関を抜きにするならば、自然の記述は全く現在の物理学、量子力学からすると意味を失う」ということを述べられました。次にヴィクトル・ヴァイツゼッカーはお医者さんでありましたから、こういうふうに述べられました。「患者と医者との関係において、医者が患者を客体、対象として見るということはもう適切ではなくなった。その意味するところは、さらに敷延して言うならば、人間の自然、人間の本性は、哲学的な意味での主体性、主観性というものとの連関において初めて理解することができる」ということです。

このお二方はいずれも自然というものが主体性、主観性との連関において初めて理解可能になるというご意見だったわけですが、ハイゼンベルクとヴァイツゼッカーの両方の意見の間には相違があります。ハイゼンベルクの立場からしますと、「自然を理解する上で、自然に関するいわば主体ないし主観の知、主観が自然を知るということが、自然の記述の中に入りこむが、その場合に、どの物理学者も、さらに言えばどの人間も、同じような知り方をすることができる」という見解であります。それに対してヴァイツゼッカーの方は、どの主観、どの人間も同じというのではなくて、むしろ主観の違い、人間の違いというものに重点を置かれました。なぜなら、患者が医者の治療を受ける時に、その患者の個人的な経歴その他というものが重要な意味を持つからであります。ヴァイツゼッカーの見解によりますと、「患者の心理分析は患者についての心理分析であると同時に、その分析を行っている医者自身の心理分析にもなっている」ということです。

私の見解を申しますと、物理学者によるところのいわば反主観主義的な認識の仕方というのは非情な成功を収めてはいます。ブランケンブルクさんが以前に『自然の歴史』という著書をお書きになりました。その書によって私はディルタイとヤスパースに、きつい言い方をするならば侮辱を加えたいと思っております。歴史的に言えば、ドイツでいわばでっち上げられたところの「精神と自然との対立」、これはでっち上げだと思うわけです。なぜなら、それは自然科学の勝利に対して人文系の学者が自分を守ろうとして作った虚構であるからです。人間が自分を理解するということは同時に、私の見解では、みずからを自然の子どもとして理解することです。人間の歴史というのは、言うなれば植物が反省を加えることなしに成している事柄を、反省的に行っていることです。これはドイツで言えばロマン派とかシラーとかの見解の中に既に含まれております。

シラーは私と同郷の人でありますが、このシラーはカントをよく読み、またゲーテを個人的に知っている人であります。そのシラーが、これはブランケンブルク先生の講演にも引用された言葉でありますが、「植物が最も偉大なることを教える」と言いました、その意味するところは「自分自身との葛藤というものを植物は無意識の内に行っているけれども、その無意識の内に行われているところの自己との葛藤というものを、人間が反省を通して意識において遂行するというその時に、植物が一番偉大なものを教える」ということです。この言葉をいわば真に受けることにおいて、これからの対話に入っていくことができると思います。

巽 まず木村先生にお伺いします。先生は「自己との関係」ということをおっしゃいました。先生は、ある女性の言葉として、こういうことを言われたと思います。「例えば親子の関係というのは、普通の自然な理解のもとでは安らぎの関係である。ところが、その女性のように、非常に不自然な関係として、抑圧あるいはそれから脱出すべき敵対的な関係である場合がある。」そういうことをおっしゃったように思います。確かにそのように、普通の自然な関係に対して不自然な関係があると思えるのですが、それでは、その女性が「なぜ」そういう不自然な関係のように受け取るかということを考えますと、私はこのように想像するのです。

これは、私が身近なところに登校拒否の子どもを知っておりまして、似たような経験があるので思うのですが。それは、その女性の弱さから来る一種の自己防衛であって、そういう不自然あるいは異常な関係を自分で作り上げているような気がしてならないのです。そうしますと、これまた、その女性の環境に対する反応としては自然な、結果は非常に不自然でありますけれども、そういう反応をするということ自体は非常に自然なこととして理解ができる。その意味で、どこまで本質的に不自然なのか、あるいは、単にそう思いたがっているだけなのかということがよく分からないのですが。そのへんのことを先生にお伺いできたらと思います。

松山　私の質問は、今日の特にブランケンブルク先生の講演の中の、「自己」という問題を強調された際に「時間性」ということを非常に強調されたわけですけれども、この「時間性」というものをどういうふうに考えるかという点に関連しております。ヴァイツゼッカー先生が今もコメントの中でだいぶ話されましたが、一昨日の高等研究所の最初の記念講演でも、特にシェリングの自然の見方に言及されました。「自然というものも一種の自己であって、その自己をまた我々人間である自己がそれを見る、そういう関係にある」わけで、そういう新しい見方、シェリングの見方に言及されたわけですが、シェリングの見方は、実はこれは一種の進化論的な時間的な見方ではなくて、超越論哲学的と言いますか、我々がものを知るという認識的な関係として、自然と私たちの関係を述べているわけですけれども。

この点について特にヴァイツゼッカー先生は『自然の歴史』という書物の著者で、今日もブランケンブルク先生が引用されているように、著者でありますから、お二方に特に「時間性」ということを強調した場合に、自然と私たちの関係はどのように見えてくるか、どのように見るべきかという点を質問したいと思います。

司会　この二つの質問だけでだいぶ内容が多いので、もう一方のご質問は次に回した方がいいように思います。では木村先生。

木村　巽先生のご質問は非常に簡単にお答えをしてしまいますが、申し訳ありません。本当はちょっと立ち入って考えなければいけない問題なのですが、「なぜそうなるか」ということはこの際ちょっとお答えがしにくいのです。私はいろいろなことが考えられると思います。先生がおっしゃったように、元来その患者が非常に自己が弱くて、そのための自己防衛の反応だと、もちろんその解釈も十分成り立つわけで。しかし、そうなるとやっぱりこれ解釈でございますから。私の立場は現象学ということでいっておりますのは、「私自身がそこでそれを見届けないことには、それは言えない。」理論的にはそういうこともあり得るだろうと思います。精神分析なんかは理論的に解釈をいたしますが。だから、そうかも知れないと思いますし、そうではないかも知れない。もっと本当に生まれつきの遺伝とかそういう問題かも知れない。

巽　脳に何かあるんですか。

木村　そうかも知れないです。脳に何かあるかも知れない。遺伝かも知れない。あるいはお母さんの育て方の問題かも知れない。いろんな可能性はあり得るだろうと思いますが。

巽　今は触れない、そこには立ち入らないということですね。

木村　はい。よろしゅうございますか。

ヴァイツゼッカー　まず松山さんのご質問の中の進化という意味での時間性と、それから主観性の持つ時間性、人間の意識なり主観性なりの持つ時間性の違いについて本当に解明するには、今後一世紀の科学の発達が必要であろうと思いますが、今のところこういうふうに思います。科学というのは当然経験に基づいております。経験というのは過去から学び過去の事実性から学んで、未来の可能性を引き受けることです。可能性ということ自体が未来ですし、事実性ということ自体が過去性ですから、過去性から未来性への時間性というふうに理解することができます。

そうしますと、今度は進化の方ですが、進化の時間性という時に、シェリングが言っているような、自然の中の眠れる仕方での主観性というふうなものから生じてくるものであるかどうかということを経験的に確認するかどうかということは、おそらくそうであろうということは言えると、今のところは思っております。

ブランケンブルクさんの用いられている自然法則、自然法則と歴史との関係が問題になるわけですが、その自然法則の用法というのは少し狭過ぎはしないか。そのブランケンブルクさんの少し狭いと思われる用法は、どちらかと言えば古典的物理学において用いられる自然法則です。古典的物理学の自然法則というのは、数学的にとらえられたところの必然的な出来事を示している。そうしますと、その古典物理学の自然法則という概念からすると、なぜ進化というものが必然的になるのかという問いが生じてくる。

このような自然法則の起源を辿ると、これはギリシャの数学から生じているのではないか。その場合のギリシャの数学は時間を越えた、没時間的なものと考えられていました。ただし私は数学を没時間的、無時間的とは考えない。例えば一、二、三という数字があるとしても、その一、二、三という数字は時の中にあるわけです。そういうふうな古典的な物理学に対して、量子力学というのは必然性ではなくて蓋然性を語る学問です。そうすると進化という問題をエントロピー的にとらえる、蓋然性を含んだものとしてとらえる、という観点がここに開かれてくるわけです。これが第一点です。

第二の点ですが、西洋ではマニエリスムの例にもありましたように、全てが調和的というふうに考える傾向が支配的になっております。しかし果して全てが本当に調和的と言えるかどうか。その見方からするとダーウィンの進化論が多くの敵を招いたということも理解されるわけです。ダーウィンの進化論ですと、自然界においてはそれぞれにみずからの敵というものがある。その敵との、言うなれば不調和の中で自己が自分がサバイバルし、生き抜いていくということが問題になってくる。それから個人が死ぬということ、これは個人の存在の否定になるわけですが、この個人が死ぬということも進化論の上での前提となるわけです。このサバイバル、生き抜いていくということと、個体が死ぬということは、進化論的に言えばさらに良き種を産むということのために成されているわけですね。

そうしますと、そういうふうないろいろな葛藤を含んだものとして自然ということを考えることができます。そういうことを考えますと、お釈迦さんの悟りの中に含まれているものの見方というのは、自然の在り方を西洋のそういう伝統的・支配的となっているような調和観よりもさらに深く洞察しているというふうに思われます。

ブランケンブルク　三番目のご質問と第一のご質問に対して、「現象的な様々の事情というものを見る必要があるというので、なぜそうなったかということには、今日のところは立ち入らない」という木村先生のお答えに対して、現象学者は現象学者としてとどまることに尽きるかどうか。やはり弁証法的ないし問答的な立場というものも考えるならば、なぜそういうことになるかということについて、私は原理的に次のように考えたい。まず進化の全ての段階はそれぞれに自己分化の出来事だというふうにとらえる。そうすると進化のそれぞれの段階は、必ずしもより高いより調和的な段階に進むとは限らずに、それが脆く崩れ去ったり危険にさらされたりするような進化を行う場合もある。

それをなぜかと考えるならば、みずからが崩落していくとか危険に陥るとかという可能性は、やはり動物に比べて人間の方が多く持っている。なぜか。それは動物が進化の上では未分化の状態であるし、あるいは同じ人間でも、意識が非常に展開され、分化され、差異化された自己というもの、そういう存在になればなるほど種々の可能性というものを見る存在になる。簡単に言えば繊細な人間になっていくということだと思います。そうしますと、そういう人間であればあるほど、全体の二極分解を含んだ様々の現実の脈絡の中で、進化の次の段階に行くということが、ある意味で精神病理学的な性格を含むことにつながると思います。それがなぜこうなっていくかということの基本的な理由であろうかと思います。

木村　全くその通りなのです。ただ私は、例えば個人個人の、ある人についてその人がどうして自然さを失ったのかというようなことは、なかなかそう簡単に言えないということを言っただけのことです。全体として私も進化の途上での何らかの出来事も考えておりますから。と言うのは、つまり人間以外の動物には、そういう精神病理学的な現象というのは無いわけです。少なくともそれは我々は観察することはできないわけですね。動物にもそれなりにあるかも知れないんですけれども、少なくとも我々は観察ができない。動物に精神病というようなものはないというところを一応前提にしなければやっていけないわけです。

今ブランケンブルクさんが進化を一つの連続的に、だんだん自己が不安定化していくという言い方をなさったけれども、私はやはり一つの突然変移として、つまり人類という、ヒトという種が地球上に突然、かなり非連続的に発生したという捉え方をしています。あるいはブランケンブルクさんがご自分の講演の中でもチンパンジーについては、今のところはそれは分からないということにしておきたいとおっしゃったわけで、私も全くそう思います。チンパンジーについては大いに今問題になっているということは皆さんもご存じだろうと思います。とにかく進化史上のどこからか、自己を自己として意識する奇妙な種が地球上に発生したということなんですね。

つまり自分自身を省みる。そこで自己言及性であるとかそういうことが初めて出てくるわけです。つまり個人としての個人、個別主体というようなことを私の話の中で申し上げた、そういう個別主体性、あるいは主観性でも全くいいのですが、そういうものが何十億年の進化の途上突然発生したことが全ての問題の始まりではないか。これはもう現象学的にはもちろん言えないことでありまして、一つのスペキュレーションに過ぎませんけれども。それ以来、人間はただ単に種としての人類の一員あるいはそれぞれそのつどつど自分が置かれた群れの一員であるだけではなくて、個人であるということをそこへ持ち込んで、非常に複雑な二重構造を生きなくてはならなくなった。そこで、自己というようなものが二重構造そのものとして、これが自己ではないだろうかと私は思っているんです。そういう趣旨のことを私は自分の話で申し上げました。だから、この二重構造なりその関係がうまくいかないというのが全てのもとではなかろうかというように思っています。さあ、これドイツ語で言うの大変でしょう……（笑）。

司会　ブランケンブルク先生と木村先生のお話のいずれも、焦点として自己というものの二重性あるいは二義性というものを語られたかと思います。今の木村先生のお話にもそのことが述べられましたが、その二重性、二義性についてそれぞれ違ったニュアンス、違った角度からお話されたように思います。

木村先生は、日本語の「みずから」という言葉が「おのずから」という言葉をも意味していることを指摘されました。「おのずから」と言う場合はいわゆる自律性、自主性ということはないけれども、「みずから」と言う場合は能動性というものが入ってくる。そのことの他に、個人的な主観性と集団的な主観性という軸が入ってくるということでした。自己は二重の関係である。それから動物と違って自己言及性を持つと言う時は、単に「おのずから」でなくて「みずから」という側面を持つ。この「みずから」ということが個人の「みずから」であると同時に、集団的な「みずから」というものに何らかの仕方で参与しているというふうに私は、理解させて頂きました。

それに対して、ブランケンブルク先生のおっしゃる二義性の場合には、「私」というものが「自我性」を意味すると同時に「ひとりでに」、ないし「無名性」をも意味するということを言われました。これは「おのずから」の方向かと思われます。しかしこれを「無名性」と言うからには、無名的な大きな自己というものへの方向が入ってくるように思います。それで、最後にお二方の先生に「自己の二義性」についてお互いにちょっとコメントをいただきたいと思います。

ブランケンブルクさんの見方に、批判があるかどうか知りませんが、コメントをちょっと。

木村　ほとんど批判がないのです、この点に関しては。

司会　では、この無名性と集団性との関係はどうなりますか。

木村　私も「無名性」ということを使っておりますしね。ただ私の場合、やや対人関係という、間人間性（Zwischen-menschlichkeit）を表に出しました、無名のひとつの集団的能動性（Gruppensaktivität）のようなものを出しましたけれども。あるいはこれはもっと広げますと生命界一般みたいな、もう「生きとし生けるものとの連帯性の意識」みたいなものももちろんあり得るわけです。我々が大自然の中へ出て、そこで、例えばドイツでは森がありますが、シュヴァルツヴァルトのような森の中へ入って行った時に、何かそこに惹きつけられるような力を感じますでしょ。その力のようなものも一種の無名の我々と自然、その場合の自然は西洋的な意味のNaturでいいのですが、との連帯性のようなものではなかろうか。それと、我々の個別的な自我意識のようなものとのずれと言うか、はざまのようなものを「自己」という言葉で呼んで、それを生きていかなければならないんじゃないかというようなことを考えますから。だから、例えばautosという言葉との関係では自律と他律（autonom, heteronom）の二義性とか、もちろんSelbst-sein, Von-selbst-seinの二義性なども、みんなそこへいくだろうというように理解しておりますので、全然異論はありません。

ブランケンブルク　私も木村先生の見解に対して異議は全くありませんが、ただ次のように補足したいと思います。人間の自己が同時に自己関係である。自分自身の、自己から自己へというふうに、進化論的に展開していくところの自己関係であるということが言えると思います。

西洋ではこれについて様々の解釈がなされております。例えばシェリングとフィヒテ、シェリングについては昨年のシンポジウムでテーマになりましたが、シェリングとフィヒテの間の見解の違いであります。シェリングの自然哲学に対して、フィヒテは自分、自我というものを出発にするのではなくて、その自我というものをもう一度その根底、その可能性に向けて問い返すということをしているわけです。そこに既に自己関係の二重性ということが生じているわけです。今世紀に入っては、アルフレッド・シュッツとコールビッチとの間の人間観論争というものもありますが、簡単に言えば私自身の見解では、決定的なことは、自己というものが「自己から自己へ」というふうに進化論的に展開していくとしまして、その場合の展開が……。

木村　「自己から自己へ」ではなく、「Von-selbst-sein から Selbst-sein へ」と言われているんです。「おのずからからみずからへ」と。

ブランケンブルク　「おのずからからみずからへ」、「おのずから」的な自己の在り方から、「みずから」という自己の在り方へというような展開だといたしましても、その展開というものが、例えばナルシズム的な、あるいは自我性、いわゆる「我」というものに向けての展開になるのか、あるいは生産的な自己展開、生産的な自己関係という展開になっていくのか、この二つを区別しなければならないし、どういうふうにこれを区別するかというところに問題点があるというふうに思われます。

司会　まだいろいろと質問が出てくるかとも思われますが、予定の時間が過ぎておりますので、ここでディスカッションを終わらせていただきたいと思います。最後に、岡本所長からご挨拶を述べられる前に、司会者としても三人の演者の方にお礼を述べたいと思います。（拍手）

第三部　芸術の視点から

——芸術に映る東西の自然観

第六章　雪舟とヨーロッパ——『山水長巻』における「自然」

大橋　良介

テーマの輪郭

東洋の美術における「自然」を問題とするとき、問題の広がりは美術史を越えたものになります。「自然」は哲学の問題でもあり宗教の問題でもあるからです。東西の比較美術史研究については、ヨーロッパではヨーゼフ・ガントナーをはじめとする、また日本では中村二柄などによる、すぐれた業績の蓄積があります。(1) 美術史の専門家によるそういった業績がここでの発表の前提となることは言うまでもありません。しかしまた、問題が美術史を越える以上、私のように哲学・美術を専門とする者にも、問題を論ずる余地が残されていると考える次第です。

ところで「東西」の芸術というときの「東」あるいは「日本」の芸術として、どれを取り上げるべきでしょうか。これは美術史的に厳密に考えると難しい問いになります。しかし限られた時間内ではその問いに深入りすることなく、ひとつの典型を取り出すことで許されると思います。芭蕉の『笈の小文』

に出てくる有名な話があります。「西行の和歌における、宗祇の連歌における、雪舟の絵における、利休が茶における、其貫道する物は一なり」と。この「一なるもの」は、芭蕉の語を借りるなら「風雅」ですが、より一般的な語でいえば、ある独自の意味における「自然」です。芭蕉の「風雅」は室町時代から江戸時代までの日本の芸術と宗教を貫く「自然」のひとつの名称と解することができます。

西行には浄土教的な要素が濃厚ですが、芭蕉や利休には禅仏教的な要素が勝っています。画家であると同時に禅僧でもあった雪舟においては、禅的な要素はさらに明瞭となります。そういう違いがあることはありますが、しかし通仏教的な観点では浄土宗と禅とは深く同一であると言わねばなりません。たとえば親鸞が「自然《じねん》」について語るとき、どこか禅的な趣を帯びる場合があります。『教行信証』のなかの「薗林遊戯地門」という境地を語る個所です。そこでは「遊戯《ゆげ》」と呼ばれる境地が語られます。遊戯にはふたつの意味があると親鸞は言います。ひとつ「自在」、もうひとつは「度無所度」。後者は「救済すべき衆生なし」ということです。現実には迷っている衆生が無数にいるのに一人もいないというのは、パラドクシカルとひびきます。親鸞はこれを説明して「たとへば阿修羅の琴の鼓するものなしといへども、音曲自然なるがごとし」[2]と述べます。音楽を司る阿修羅が絶妙なる鼓を打つときには、阿修羅は鼓を打っているという意識をもちません。鼓とひとつに成りきっています。だから「鼓するものなし」です。そういうときに「音曲自然」だというのです。

ここに「自然《じねん》」という語が出てきます。この自然が実現されるとき、鼓を打ちながら打つ者なく、迷う衆生がいながら一人も救済すべき者なしと言われます。そういう「自然」は禅僧が語る語として聞いても不思議ではない内容をもちます。

雪舟や西行から芭蕉までも貫いている「一なるもの」がこのような、浄土仏教や禅仏教をも貫く「自然」だとして、これとヨーロッパの自然概念とのあいだにどういう比較が成り立ち得るでしょうか。

ヨーロッパ芸術における「自然」概念も非常に豊かで深いものがあり、簡単に言い尽くすことはもちろん出来ません。しかしあえて一言でくくるなら、ヨーロッパ芸術における「自然」は、宗教（キリスト教）に刻印された芸術がやがて宗教から独立し分離していって「芸術のための芸術」あるいは「自律的な芸術」という方向に向かっていくときの、プロセス成立の「場」そのものだと言えます。芸術が宗教から独立していくときに、「自然」をめぐって、あるいは「自然」というエレメントにおいて、独立化のプロセスが成立していくわけです。印象派において描かれる「自然」の光と、それ以前のキリスト教の祭壇画に出てくる「聖なる」光とを思い浮かべるなら、そのことが明瞭になると思います。

しかし本日の発表では、ヨーロッパ芸術における自然概念をただ念頭におくだけにとどめます。そういう自然概念と比較されるべき「東洋の」ないし「日本の」宗教および芸術にあらわれる「自然」観を取り出すことが、ここでの主題です。

雪舟『山水長巻』

芭蕉が挙げる芸術家たちにはいずれも「一なるもの」が貫通しているわけですから、その中の誰を取り上げても良いということになります。そこで雪舟の晩年の傑作『山水長巻』をスライドで見ながら話したいと思います。

前提として指摘しておきたいのは、水墨画の「画」の意味です。それはヨーロッパ芸術における「絵」（ビルト）と異なっています。ビルトは感性的な「視覚」を基本的エレメントとし、二次元の「画」を本質とします。哲学理論で問題となる「ビルト」も結局はそうです。フィヒテの哲学が説く「ビルト」は「表象すること」から成立する「像」として、やはり画的です。フッサールが従来の「ビルト」理論を批判するときも、批判の方向は表象意識のさらなる分析にあり、「像」ないし「絵」はどこまでも対象性の範疇に属します。[4]対象性としての「面」を本質とするヨーロッパ絵画の「絵」に対して、水墨画の「画」は、面よりは「線」を基本とします。その由来は「書」にあります。書は感性的に像ないし絵である以前に、主体性ないし精神性の表現として捉えられるべき内容をもちます。

ヴェルフリンは『芸術史の根本概念』のなかで、古典様式からバロック様式への発展を「線的なものから絵画的なものへ」との発展して捉えました。[5]彼は線的なものよりも面的なものの方が芸術的に進んだものと見たわけです。しかし水墨画の「線」は「面」に高まる線ではなくて、線のままで面より内面的・精神的なものを表現し、面よりも高い意味を主張しうると思います。そういう意味での「線」はW・ベームの編になる『ビルト』に収録された諸論考[6]でもあまり視野には入れられていません。

ヨーロッパ絵画との比較を念頭におくとき、もうひとつ留意しておく点があります。それは水墨画にあらわれる「自然」が、とくに「四季」の季節の表現でもあるということです。それは中国の山水画においては明確ではなく、日本の水墨画に顕著です。大和絵の伝統が背後にあると思われます。「四季」の感覚を不可欠とする「自然」観はインドにはさらに乏しく、中国でも内陸部ではあまり発展しなかったと言われます。

「四季としての自然」はどこまでも「時」の移ろいの世界です。そこに描かれる自然はどこまでも「時間的」な性格をもちます。その場合の時間観念もヨーロッパの時間観念と異なっています。ロマン派の「自然」はもちろん、ゲーテの「自然」も、永遠性ないし神性を映す自然として時間的です。ゲーテは「自然は神を蔵す」(Die Natur verbirgt Gott) と語ります。(7) しかし水墨画ないし山水画に描かれる時間は、永遠とか神とかを抜きにして成立する時間です。「四季としての自然」は、時の移ろいそのものが実在であるような世界です。四季の循環は、めぐりめぐる世界全体(色)がそのまま(即是)無実体(空)なることを示唆します。「色即是空」という表現は仏教の般若思想にありますが、これが「四季としての自然」とひとつに捉えられるというところに、日本仏教の特徴があると思います。時間論の問題は指摘にとどめ、次に雪舟の絵を見ていくことにします。

(スライド)

1 まず第一場面。画面の中央に道士とおぼしきひとりの人物が山の中に入ろうとし、その後ろに従者がひとり荷物を担いで上がっていきます。
2 その次に峨々たる山があらわれ、その山の上方と下方に人家が見えます。
3 次に山の中のひとつの風景として、大きな松が描かれます。
4 その松を過ぎ、谷を過ぎると、またひとつの山があらわれます。
5 山の中に入った道士が人里に下っていきます。
6 そうして漁村に着きます。季節は先ほどの春から夏に変わっています。
7 この漁村の風景がいろいろに出てきまして、

3　2　1

8

11　10

(五) 牧 牛　(四) 得 牛　(三) 見 牛　(二) 見 跡　(一) 尋 牛

以下全て相国寺蔵周文筆「十牛図」

7 6 5

9

13 12

(十) 入鄽垂手　(九) 返本還源　(八) 人牛倶忘　(七) 忘牛存人　(六) 騎牛帰家

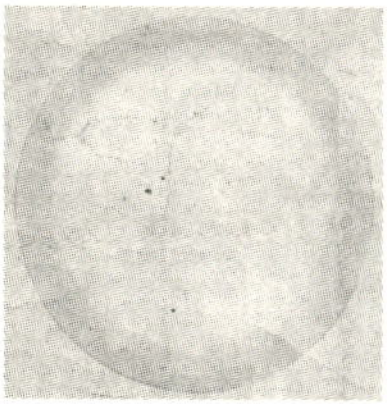

8 大きな川がずっと続き、もう一度山があらわれ、山腹の洞窟でふたりの人物が対話をしています。
9 そこから山をもう一度下り、漁村に戻ります。季節は秋です。
10 画中の人物が橋を渡ります。
11 そして有名な「市場」の場面。
12 そのあと冬の場面がずっとつづき、厳しく大きな雪山があらわれます。
13 最後は「春」を含意する二本の樹木。

『山水長巻』解釈

全体の物語は、道士が山に入って山を下り、市場に出ていくという筋書きになっています。「入山」（向上、往相）と「出山」（向下、還相）の物語です。ご存じの方が多いと思いますが、いわゆる『庵廓・十牛図』と共通しています。『十牛図』もまた、やはり山に入り、山を出て市場の人々と交わる物語です。

もう少し詳しくいえば、『十牛図』では、見失った牛を牧人が山中に探す物語です。牛は本来の「自己」をあらわすとされます。見失った自己を求めて山中に入り、これを見出し、しかし見出した自己に執着することなく、得た牛を忘れて市場に戻るという筋書きです(9)。

雪舟は相国寺で修業した禅僧ですが、相国寺にはやはり画僧として知られた如拙、周文が修業しています。その周文の作と伝えられる『十牛図』が今日最もよく知られているものです。雪舟は弟子の如水宗淵に与えた七十六歳の時の作品『破墨山水図』に付した序文のなかで「吾祖如拙周文」という言い方をしていますが、画業における師と仰いだおなじ相国寺の画僧周文の『十牛図』を、雪舟が知らないはずがありません。否、これを強く意識していたと思われます。

雪舟の研究書は沢山ありますが、『山水長巻』を『十牛図』との呼応関係において比較した解釈はまだありません。雪舟論という観点で今回の発表に、従来の研究に付加しうる点があるとすれば、この呼応関係の指摘にあります。まず少し丹念に絵を見ていきます。

1　道士が山のなかに入っていき、右下に人家が見えます。ここで道士は人間の生活世界を捨てて山の中に入っていくわけです。その「山」とは、たとえば「本山」とか「山門」とかいうように、そのまま「寺」を意味します。雪舟が修業した相国寺は「京都五山」のひとつという格づけの寺です。「五山」とは五つの寺のことです。だから山中に入るということは、仏道修業に入るということを意味します。もっとも、『山水長巻』の人物は、その着物などから見て道士すなわち、中国の道教の人物を思わせます。これは水墨画というスタイルから来るものと思われます。

2　次の場面は、山の中に入った所から、いったん捨てた世俗世界の人家を見ている図ということになります。真ん中に山があって、世間の生活世界は遠くに、あるいは下方に、描かれます。これが同時に「春」の季節です。これから一年の生活が始まるとともに、修業生活も始まるということが、含意されています。

3、4　その修業の情景ないし山中風景として松の木が描かれます。水墨画ではしばしば松の図が人物とおなじ形姿で描かれることがあり、この場合も松の木はそのまま山中に修業する人物を含意すると

(一) 尋 牛

(五) 牧 牛

1

5

思われます。雪舟が梁階の絵を真似て描いた(倣梁階)作品で『黄初平』と題するものがありますが、そこでは、松と人物とが相似形をしています。しかしここでは松だけが描かれます。人生の星霜をくぐった人物と風雪に耐えた老松、修業がだんだんに熟してきた人物の内面の自然と山中の自然、それが重なるわけです。

5　そのあと「下山」が始まります。下山となれば、『十牛図』のほかにもニーチェの『ツァラトストラ』も想起されます。ツァラトストラも山中で瞑想にふけって十年、内から知恵が湧いてきて、これを人々に伝えたいという欲求に動かされ、下山します。ニーチェの思想との比較は、自然の回帰に対する歴史の永却回帰という点でも、あるいは仏教的な無ないし空とニヒリズムの虚無という点でも可能ですが、この「下山」においてもなされ得ます。しかしこれも問題点の指摘にとどめておきます。

6、7　道士は谷川に沿って下山していきます。山を去って人里に入るということは、修業の世界では一方を捨てて他方を採るということとはみなされていません。大澄国師が三条の橋下の乞食の群れに身を投じて修業したという話は、伝説であったとしても、仏教における修業観を言い表しています。「山」と「里」という対比はそこで消えて、両方を包むところが山となり里となります。しかしそれは修業者の内面世界の在り方と切り離して言うことは出来ません。図のなかではそれは、どういう風に表現されているでしょうか。

8　中国の水墨画にはあまり出てこないモチーフといわれますが、山中にまず洞窟が描かれ、そこで道士がふたりで対話をしています。内なる自然が外なる自然とひとつということがそこに含意されますが、そういう境地から、人里と山里との一体という在り方が現れます。たとえばそこでは人家は左の山の上に立っています。こういうことは現実にはあり得ません。山の頂上に立つということ、道元で言えば「高高峰頂立」は、誰ひとり寄り付く者もない修業の境地の高みに立つということです。しかしそこに人家があらわれる。山と里との一体という境地がそこに、山に重心が置かれているとはいえ、描かれています。

9　そこからまた下山するわけですが、これは道元でいえば「深深海底行」、つまり煩悩の衆生世界に入って衆生とともに生きるというところに当たると言えます。

10　「橋を渡る」場面がもう一度出てきます。先ほどの渡橋であれば、そのあとに峨々たる山と人家とがあらわれる。言うなれば修業のいちばん奥の険しいところに人間世界が蘇りました。禅家が好んで用いる語でいえば「大死一番絶後蘇生」です。しかしそのような蘇生はまだ最後の段階とされないのが普通です。そこをさらに出る「向上の一路」が禅家では尊重されます。庵廓の『十牛図』では、やっと見出し飼い馴らした牛にも執着しない、というところです。だから第八図では牛が消え牧人も消えます。すべてが消えたところから第九図で一切が蘇り、第十図「入廛《にってん》垂手」となります。『山水長巻』と『十牛図』との呼応関係として言えば、後者の第八図は端的に出てくることはありません。『十牛図』は禅修業の道を修業者に分かりやすく示すという教育的な観点が強く、従って第八図が非常に強調されます。それに対して『山水長巻』は、画僧としての雪舟が自在に描く「芸術」作品です。第八図にあたるところは作品全体のいわば背景に退きます。しかし二度めの「渡橋」の図は、世界がそこから本源の相で現われるという点で、第八図に呼応する部分のひとつの現われと言えます。

11　すなわち渡橋のあと、「市場」の場面があらわれます。『十牛図』の第十図とおなじところです。しかし全くおなじではありません。『山水長巻』の市場は人里でありながら、しかも山中の自然に包まれる格好になっています。先ほどは「山」に重心を置いて山と「里」との一体が描かれましたが、ここ

10

(八) 人牛俱忘

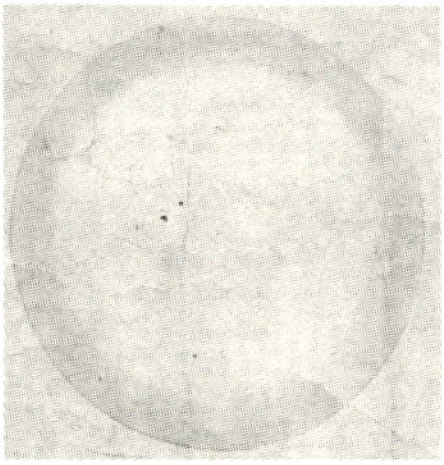

11

(十) 入鄽垂手

では「里」に重心を置きつつ、その重心を含めた全体が「自然」に包まれています。しかもその自然は「秋」という季節に彩られています。修業が熟していくことと、秋の稔りとが重ねられます。また自然は「時」の相をあらわします。

雪舟は人物群像を他にもいくつか描いています。六曲一双の『琴棋書画図屏風』(東京国立博物館蔵)、『十六羅漢』(東京、細川氏蔵)、倣夏珪『滝図』[10]等です。私自身が調査にあたったわけではありませんが、こういう人物群像は中國の水墨画にはないと言われます。雪舟がこのような群像を描いたということのうちには、単に画家としての興味だけでなく、おそらく雪舟自身の晩年の心境も関係していたかと思います。雪舟は晩年に山口で「天開図画楼」と名づけた拠を構えました。呆夫良心(雪舟が明に渡ったときの同行者)の「天開図画楼記」には「上自公侯貴介、下至浮屠氏工商之従、欲求数点之残墨、而来往踵々」とあり、了庵桂悟の『天開図画楼』にも「野客官僚、好事之儒、接踵而至」とあります。いずれも、さまざまの人が雪舟と交わって「天開図画楼」を出入りしていたという記述です。世間一般と交わることがそのまま修行のひとつであり究極であるということを、雪舟は実際の生活において実現し、これを作品に写したとも考えられます。その内なる自然が、外においては四季としてあらわれる自然になる、というところが、雪舟のもうひとつの特徴かと言えます。

さて『十牛図』では「自然」は出てきますが、それは「四季」を表現するに至っていません。自然が四季としてあらわれるという見解において、雪舟の『山水長図』は師匠・周文の『十牛図』を一歩すすめたところがあります。周文と雪舟のちがいを、将軍家のおかかえ絵師の立場と、地方に拠を構えた革命精神の持ち主との階級のちがいに還元する解釈もありますが[10]、階級のちがいはむしろ外面的事情であって、画家としての心境のちがいを本当には説明するものでないと思います。周文と雪舟のちがいは、

「自然」のより日本的な感覚を正面に出すか、中国伝来の十牛図の枠を尊重するかのちがいと言うべきではないかと考えます。

くり返し言えば、日本仏教の特徴そのものが「自然《じねん》」の強調にあると思われます。もちろん法華経や維摩経、起信論、等々にも、「自然」という語は、ありのままとか自由自在とかいった意味において出てはきます。しかし、主題的となることはありません。それに対して道元では、自然という語それ自体は「天真の師範なしといへども、自然の外道児なり」というようにネガティヴな用法で出てきますが、[11]しかしこの語が出てくる「山水経」は、その全体が「自然」を古仏の道そのものとして見るという見方を展開しています。親鸞の「自然《じねん》」については、上に挙げた個所の他に、さらなる重要なものとして『末燈鈔』があります。親鸞はそこで他力本願の真の在り方として「自然」を述べています。そういう宗教的境地としての自然が、雪舟の『山水長巻』では「四季」の自然とひとつのものとして描かれるわけです。

12　雪舟の『山水長巻』と『十牛図』とのもうひとつの違いは、このあとさらに出てきます。すなわち市場の場面は後者では最後の場面ですが、前者はここで終わらないのです。『山水長巻』は秋の市場から「冬」の景色に移ります。その始めの方ではまだ人の姿や立派な家があらわれますが、やがて自然の世界も人間の世界も雪に包まれていきます。

山は非常な重量感をもって静かに立ち現れます。セザンヌの『サント・ヴィクトワール山』をも思わせますが、しかし否定性においてこの雪山の比ではありません。人間もここでは消え、家も閉ざされて、ただ白い雪山のみがあります。これは一方では、「市場」の情景が全体としては「四季の自然」に包まれているということの帰結ですが、見方によっては、「市場」世界の全体が「自然」に包まれているということの強調ともとれます。その自然は命を生む肯定的自然ですが、しかしまた、山も里も雪の白で包む根源の否定性です。『十牛図』であればこの根源の否定性は第八図にあると言えるでしょう。しかし、繰り返していえば、『山水長巻』ではこの根源の否定性は特定の場面として現れるのではなくて、さきほどの「渡橋」にも見られたように、全体の背景として退きつつ、時折顔を出すことになります。最後の雪山も、そういうものとして見ることができます。それとともに、この根源の否定性がまたしても「四季」の相とひとつになって現れる、ということを示しています。

13　この否定性の場面のそのまた最後の場面は、「春」の兆しを思わせる樹木です。否定のあとに肯定が来ます。それは一方で冬が過ぎると春が来るという、単純な「自然の循環」の当然の成り行きです。しかしそういう単純な自然の循環が、終わりなき修行の深い真相を表わしているとも言えます。山と里とを包む世界全体が、そういう自然の循環世界です。「歴史」もまたそこに包まれることになります。ここでは「自然」が「歴史」の根底ないし模範となっています。ニーチェにおいて、歴史の永却回帰は恐るべきニヒリズムを意味しました。目的なき虚無がその回帰を包みます。しかし自然の永却回帰は生命に満ち溢れます。両者がどのような関係にあるかということは、改めて考察すべき問題であります。

結　語

『十牛図』との呼応関係を軸にこれまで『山水長図』の解釈を述べてきました。この呼応関係の確認は、雪舟の「自然」とヨーロッパの芸術に現われる「自然」とを比較する場合には、重要な意義をもつと考えます。雪舟に注目してきた西洋の美学者は多くいますが、この作品の宗教的内面性にまで踏み込む解釈はまだ無いからです。ゼッケルの『東アジア芸術入門』には、雪舟の「外面的にも内面的にも最大の」作品として『山水長巻』が挙げられますが、その場合の「内面」とは気分ないし雰囲気のレヴェルのものであって、雪舟の宗教的な境地には触れていません。[12] リュッツェラーは『アジアの芸術』の中で雪舟に注目し、武士と禅のつながりにも言及していますが、西洋の「形而上学」の概念で語っているため、やはり本当の比較ないし対話から遠のいた面があります。彼は雪舟の描く日本の湿潤な気候に触れて、「すべては移ろい、すべては根源一者の息である」と述べ、これを「形而上学的なるもの」と呼びます。[13] しかしそういう接近の仕方は雪舟の「自然」を遠ざけることにもなると思います。四季としてあらわれる「自然」は、あるいはそこに現われる「時間性」は、先に述べたように「形而上学的」な性格がむしろ消えたところだからです。

東西の「自然」に関する比較は解釈学的な慎重さを要求し、またそれぞれの自然観の根底をなす宗教的地盤の理解を要求します。芸術に映る自然観は、そういった問題領域への格好の通路であるとともに、本来的な難しさをも照らし出す領域です。与えられた時間内では、その困難がこれから始まるという地点で発表を終えざるを得ません。しかし日本の中世・近世芸術を貫通する「一なるもの」を「自然」として取り出しえたということでもって、かつこれを多少とも宗教的次元のつながりで見たということでもって、一応の責を果たしたことにさせて頂きます。

（1）　Joseph Gantner, L Immagine de Coeur, Die vorgestaltenden Formen der Phantasi e und ihre Auswirkung in der Kunst, in Eranos-Jahrbuch XXXV, 1966, Zürich 1967；中村二柄『東西美術史——交流と相反』、岩崎美術社、一九九四年。

（2）　親鸞『教行信証』「証巻」、金子大栄校訂、岩波文庫、二七五頁。

（3）　Vgl. Fichte, Einleitungsvorlesungen in die Wissenschaftslehre (1813). フィヒテの「像」は初期から基本的にはここでの見解と変わっていない。なおフィヒテにおける「自然」については、“Die Bestimmung des Menschen” (1800) での見解を参照。自然は有と意識との共通の地盤にして根源の思考力を含むというシェリング的な見方を一応承認した上で、「自然は空虚なり」という彼の見方が述べられる。

（4）　Vgl. Husserl, Logische Untersuchungen. Erster Teil, V. Beilage zu den Paragraphen 11 und 20. Zur Kritik der “Bildtheorie” und der Lehre von den “immanenten Gegenständen der Akte, LU, 5. Auflage, Tübingen S. 421ff. フッサールの像理論についてはIdeen. Erstes Buch, Allgemeine Einführung in die reine Phänomenologie, Hua 3, 1, S. 234f をも参照。

（5）　Vgl. Heinrich Wölflin, Kunstgeschichtliche Grundbegriffe, 1915, 2. Auflage 1956, I Das Lineare und das Malerische.

（6）　Gottfried Boehm (Hrsg.), Was ist ein Bild?, München 1995.

（7）　Goethe, Schriften zur Kunst. Schriften zur Literatur. Maximen und Reflexionen. Die Hamburger Ausgabe, Bd. 14, S. 364. ただし芦津丈夫氏はゲーテに「父なる神」と異質の「母なる自然」があることを指摘している（『ゲーテの自然体験』、リブロポート社、一九八八年、三五頁以下）。

（8）　『十牛図』については上田閑照・柳田聖山共著『十牛図』（春秋社）が懇切な解説を与える。

（9）　この図は以下の画集で知った。Japanese Ink Paintings, ed by Yoshiaki Shimizu and Carolyn Wheelwright. The Art Museum Princeton University, Princeton UP, 1976. Plate 6. 夏珪の原画での「滝」が、雪舟では「農民」の群像図に代えられている。なお村野浩「雪舟の山水図形成に関わる一試論——胸中の天童山図」、東海大学紀要、教養学部

「一九八二年（第一三輯）注18によれば、雪舟以前の山水図で、田畑の景色が具体的な形で描かれたものはないとのこと。

(10) 蓮実重康『雪舟等揚――その人間像と作品』、筑摩書房、一九六一年。蓮実は雪舟が「師周文の作風と比較すれば全く雲泥の差の飛躍あり、発展である」と主張する（一一六頁）。しかしそれほど決定的なちがいを強調することは疑問とせざるを得ない。

(11) 道元『山水経』、大久保道舟編『古本校訂・正法眼蔵・全』、筑摩書房、昭和四六年二六一頁。

(12) Dietrich Seckel, Einführung in die Kunst Ostasiens. München 1960, S. 338.

(13) Heinrich Lützeler, Die Kunst Asiens. München 1965, S. 84.

第七章　美術に見る東西の自然観

高階　秀爾

　高階でございます。ある農学の先生から伺った話なんですが、アメリカで、人間の動物観の研究を長年に渡って研究している人がいるそうです。人間の動物観というのは、人が動物をどう見るか、ということですが、そのやり方はいろいろアンケート調査をする。たとえば「一番美しい動物は何か」といったような設問をいろんな人にするわけですね。そしてそれが年齢別とか性別とか宗教別とか職業別によってどう変わるか、ということで人が動物をどう見るか、ということを研究するという話だそうです。

　そこで、日本人の先生がその話を聞いて、面白いから日本でもやろうということで、比較研究のため日本でも同じような研究をされたそうです。ところがこれがなかなかうまくいかない。というのは、アメリカではたとえば「一番美しい動物は何か」という設問をすると、「馬」だとか「バイソン」だとかいう答えがすぐ出てくるわけです。ところが日本の方に聞くと、「そうですね、何だろう」というような形でなかなかぱっと答えが出ないんだそうですね。そこを無理に「ともかく一番美しい動物は何でしょう」と、答えてもらうと、「そうですね、夕暮れの空に小鳥がぱあっと飛んでいるところかな」といったような返事になるんだそうです。これではどうもアメリカと比較するわけにはいかない、というようなお話だったそうです。

私はその話を伺ったときに感じたのは、美術というのは美しさを扱うわけですが、美しいものに対する考え方の違いというのがそこではっきり出ているということです。逆にまた一ついたいへん面白い文化的な問題も出ている、というふうに感じました。と言うのは、ヨーロッパ、非常に漠然と言って西洋では、これはギリシャ以来だと思いますが、美しいものというのははっきりした「実体」を持っている。逆に言えば、何が美しいか、ということをギリシャ以来、美学と言いますか哲学の問題として人々が考えてきたわけですね。美しいものとはこういうものだ、という定義をいろいろ考えてきた。定義の中身は時代によって変わりますが、しかし、何か美しいものがあるんだ、実体として存在する、という前提があるわけです。

その代表的なものは、ご存じの「人体比例」でありまして、これはギリシャで成立しますが、ある比例関係を持った人体が美しいとする。たとえば「八等身が美しい」とかですね、「いや七頭身だ」とかいろいろ議論はありますが、しかし一対八でも一対七でも、ある実体が美しいんだ、という考えがそこにあるわけです。そうしますと、そのある八等身なら八等身という実体を持ったものは、それ自体が美しいわけですから、状況から切り離されてどこへ持って行っても美しいわけです。ミロのヴィーナスはギリシャからパリに移っても、一つの形として同じように美しい、あるいは砂漠の中にあっても美しいであろうということになります。

日本の場合にはどうもそうではない。日本では、何が美しいかという考え方は、伝統的にある「状況」のもとに成立する。古池に蛙《かわず》がとびこむ、その水の音が美しい、と考えるわけですね。それは「古池が美しい」とか、「蛙が美しい」と言っているのではなくて、「蛙がとびこんだその状況を美しい」と言うわけです。日本では、伝統的にヨーロッパ的な論理的美学というのは成立しておりませんが、昔からたいへんそういう美的な感覚を表現したディスコース（言説）はあるわけです。

代表的なものとして、私がすぐそのお話を聞いて思い出したのは、平安時代の清少納言の『枕草子』であります。あの本の中に「美しいものは」というのが既にありますが、その他に、そもそも冒頭に並んでいるのは、何が美しいか、ということを言ってる。あれはご承知のように、「春はあけぼの」で始まります。先ほどの大橋先生のお話のように、季節の美しさをまずうたう。「春はあけぼの、ようよう白くなりゆく山ぎわ……」とあって、つまり「春はあけぼのが美しい」と言う。「夏は夜、月のころはさらなり」と、月が出ていればもっといい。「秋は夕暮れ」「冬はつとめて」と続きます。

たいへん面白いことに、秋の所を見ますと、「秋は夕暮れ、夕日のさして山の端いと近うなりたるに、からすの寝どころへ行くとて、三つ四つ、二つ三つなど飛びいそぐもあはれなり。まいて雁などのつらねたるがいと小さく見ゆるはいとおかし……」とある。つまり、先ほどの動物観の研究の、「夕暮れの空に小鳥がぱあっと……」というのと同じことを、既に清少納言が言っているわけです。そこでも「からすが美しい」とか「夕焼けの空が美しい」と言っているわけではなくて、「夕焼けの空にからすの飛んでいる状況が美しい」と言っているわけです。

このことは極めて象徴的でありまして、八等身とか、「実体の美」はどこに行っても変わらない。そしていつまでも続くわけです。ですから西洋の美学というのは常に「永遠」を目指します。私は、「モニュメント」というのは日本にはない、と思っているんです。西洋ではモニュメントを常に目指します。

季節の変化や時間の変化なしに、ヴィーナスはヴィーナスとして続く。日本の場合には状況が変わればなくなるわけです。つまり「移ろいやすいもの」、これも大橋先生がおっしゃいました、「変わっていくもの」にむしろ美しさを見いだしていく。従ってモニュメントという言葉は、日本では非常に訳しにくいんです。だいたい日本語にもともとないんですね。日本人が美を感ずるのはある状況であって、春なら春、それも春はあけぼののがいいということになる。あけぼのというのは昼になればなくなってしまいます。春は夏になればなくなってしまう。そういう状況をとらえる美学というのが、日本人の感覚をずうっと養ってきたのであろう、というふうに思われます。

そうしますと、美術作品ということになると、これがなかなか難しい。西洋の場合には一つの独立した実体としてありますから、美術作品が成立するんです。ヴィーナスというものがある。あるいは絵画が、タブローというものが成立する。日本の場合には周囲の状況にからみ合わせてます。先ほどの『山水長巻』もその例ですが、たとえば絵巻物のようなものを、いまだに近代の画家たちも作ります。あれはタブローとして、どこで完結するか分からない、つながっているもので、非常に「連続」した特色を持っています。西洋では額縁で一つ区切られたのが「完結」した世界で、そこに美がある。従って額縁ごと持っていけば、それはどこでも美しいわけですから、作られたアトリエから美術館に持って行ってもいい。美術館というのはそういう作品を並べるということで成立する。

日本の場合にはそう簡単にはいかない。絵巻物を一体美術館でどう並べるか、非常に実際的な問題になります。あれは徐々に時間をかけて繰り広げ、巻き込みながら見るものですから、どうも展示に向かない。まして日本の場合には、美術の鑑賞が、当然美意識とつながってます、常に壁に掛けて見るというようなことはしないわけです。これも状況でありまして、たとえばお茶の会とかですね、それも季節によります。お茶会で何か軸を掛けるときには、春には春の絵を掛ける、秋には秋の絵を掛ける。従っていつでも見るというわけにはいかない。それもまたお客さんによって、このお客ならばこれというふうにする。つまり、時と所と機会に応じて観賞形式が変わる。これでは、美術館というものは成り立たないんですね。美術館というのは「常にいつでも」という、つまり西洋の考え方の上に成り立っている。私は現在美術館におりますので、「美術館が成り立たない」と言うと、商売上困るんですが、どうも日本人の美意識では美術館というような制度はなじまない、と思っております。

つまりどこかに独立した美があるのではなくて、常に連続し、変わっていくというようなことが、日本人の美意識の基礎にある。それは特に人間の生活の中で見ますと、建築を思い出していただくとよく分かるんです。西洋の建築というのは、自然から人間の世界を切り離して成立します。囲いを作って、「この中は人間の世界だぞ」ということで作る。もっとはっきり言いますと、壁が主体であります。

日本の建築は外と中がつながる。日本の建築では、外部とも内部ともつきかねる部分というのが非常に重要な役目を果たします。軒下とか濡れ縁とか渡り廊下とかいったものは、内部空間と言うべきか外部空間と言うべきかはっきりしない。西洋では内と外とがはっきり分かれますが、軒下は家の中の人から見れば半分自分の家みたいなものですが、しかし外を歩いている人は雨が降ったら一時的に雨宿りできる、半分公共空間ですね。しかし中の人は自転車なんか置いて自分の所だと思っている。外の人は雨宿りできるけれど、そこに住みつかれては困る、ちょっとあいまいな空間であります。同じように濡れ縁とか渡り廊下というものも外と中とはっきりしないで自然につながっていく空間です。人間の生活空間がそのまま自然の中に入っていくわけです。

ただ今の大橋先生のお話は私にはたいへん印象的だったんですが、自然の中に入っていくことによって、人間は生活を、自己自身を作り上げていく。ですから自然との接触というのが非常に大事になるんですね。多分建築や絵画の空間もそれと同じだと思います。たとえば人間にとっては自然の中を旅して歩く、歩いて行くということが非常に重要で、お芝居の方では、言うまでもなく「道行《みちゆき》」というのがその例です。これは歌舞伎の近松なんかが代表的です。最も大事な部分であって、クライマックスの場面ですね、主人公が心中に行くときに、道行になる。

ああいう場面は、たとえば西洋の古典劇にはない。近松と同じ頃、フランスでは十七世紀に古典劇が成立します。それはギリシャ以来の伝統を踏まえますが、そこではそういう自然との結びつきというのは見られない。近松の芝居は義理人情であって、コルネイユの芝居と似ていると言われるんですが、コルネイユも自分の恋人のお父さんが敵だったりして、どうしようと悩む場面がある、これも一種の義理人情ですが、フランスの十七世紀のコルネイユの全作品の中で、自然が出てくるのはたった二行だそうです。「お空の星が」というのが一ヶ所だけ出てくる。

近松の場面は、ご承知のように例えば『曽根崎心中』では、「この世もなごり、世もなごり……」から始まって、全部後は「空もなごりと見上ぐれば、星のいもせの天の川」とか、「安達ヶ原の霜のあと」とか全て、自然がクライマックスで出てくる。そのクライマックスのところで心中するわけですが、そこには、自然と触れ合うことによって人間が浄化されていく、という思想があります。それがたとえば巡礼というような形で、「三十三ヶ所巡り」というようなものになる。巡り歩くことが大事なんですね。これは先ほどのお話の山の中の修業というのとつながりますが、日本人の非常に重要なポイントになろうかと思います。

巡礼と言うと、これは西洋にもあって、「巡礼の道」、「巡礼教会」というのがあります。もっとも、これは私、「巡礼」と訳していいかどうか疑問に思っておりまして、そういう訳ができてしまっていますからしょうがないんですが。「エルサレムに行く」とか、「ローマに行く」とか「サンチャゴに行く」という巡礼があります。西洋中世では大量の人がサンチャゴ・デ・コンポステラに行って、大勢の人が移動しますから途中で教会があったり、宿があったりというのがある。それをペレリナージュと言って、「巡礼」と訳しています。ただ西洋の巡礼は、サンチャゴ・デ・コンポステラに行くとか、あるいはエルサレムに行くとか、目的地がはっきりしている。そこへ行かなきゃいけないわけです。そこへ行くことが目的であって、行けば目的を果たす、お祈りか何かする。途中はしょうがないからずうっと、手段として道を歩いていくわけです。

日本の場合はそうではなくて、巡礼というのは文字通り「巡る」んです。目的地がないと言うか、目的地は元の所へ戻って来るんです、ぐるぐる回るわけですから。ですから途中が大事でありまして、もともと巡礼の元と言うのは、神社でもお寺でも同じことですが、社の周りをぐるっと回るのが巡礼の元だそうです。一回りすればそれである願い事と言いますか、あるパフォーマンスが成される。これを何回かぐるぐる回っていると、願い事が叶うというんですから、円環構造であって、どこかへ行くのではなくてお社の周りを回ることが大事なんです。ところがお社がだんだん建物の後ろの方に塀か何かできてしまって回れなくなると、しょうがないから参道を行ったり来たりする、これが「お百度参り」ですが、あれももともとが巡礼なんですね。お百度参りをうんと広げたものが巡礼でありますから、文字通り「巡る旅」で、自然の中を歩いていくことに意味がある。ですから西洋とは随分違う、という気がいたしております。ではその事例をいくつかスライドで見ていただきたいと思います。

これは古代建築の代表、ギリシャのパルテノン神殿と伊勢神宮です。この両者は非常に似ているとしばしば言われます。事実、基本的には柱と梁で、つまり壁ではなくて、柱を並べて上に梁を置いて、三角屋根をかけるという構造ですから同じであって、どちらももともと木造建築の構造です。ギリシャの場合も出発点は木造建築ですね、それを石に変えたものですから、たいへん似てるということで、よく引き合いに出されます。確かに構造的に似ているんですが、同時に大きな違いがある。一つは軒の深さです。屋根が日本は非常に出ていて軒が深い。平《ひら》の方にも妻《つま》の方にもずっと屋根が出ております。西洋の場合には屋根がまさに建物のその平面だけを覆う役割を持っている。これは雨が多いからだ、とかいろいろ言われるんですが、もちろんそういう実用的な意味もあろうかと思いますが、しかし、私は日本の場合には、屋根というのは非常に重要なシンボリックな意味を持っていると思っています。

それから、どちらも装飾がない、非常に素朴な美しさ、と言いますが、ギリシャ建築というのは本来装飾だらけだったわけです。ここで部分を見ていただくと分かりますが、丸い柱には垂直性を強調するために、溝が彫ってあります。日本の場合には完全な白木《しらき》です。それから柱の下の所に基檀があって、上の所に柱頭があり、上の梁の部分には浮き彫りが施してあって、あまつさえ本来は全部色が塗ってあった。現在は色がなくなってます。ですから、基本的にはもちろん梁と柱の構造ですが、装飾的な部分が強くあり、人工的に作り上げている。日本の場合には全くそれがないんですね。完全に白木の丸柱で堀立柱《ほったて》です。台も何もなくて、直接地面に立てて、それにいきなり棟木を置いて屋根をかける。この形式が現在に至るまでずっと続いているのはご承知の通りでありまして、それが延々千二百年に渡って繰り返し続けられております。

それから宗教建築、これはどちらも中世、片方が十三世紀、片方が十二世紀ですが、右が平等院の鳳凰堂、左がパリのノートルダム寺院です。建物自体が非常に違っていて、ノートルダム寺院の場合には、入口があって、外と中の区別がはっきりしています。あそこの入口を入れば聖なる空間で、従って外は俗なる空間ですから、外と中が非常に明確に分かれている。

平等院の鳳凰堂の場合、日本のお寺はみんなそうですが、周囲の空間、特にあの屋根の下、軒下というのが非常に微妙で大事です。だいたい平等院の鳳凰堂は屋根の重なりがたいへん見事であって、一見一つの建物のように見られていますが、じつは四つの異なった建物です。もちろんこれは国宝に指定されていますが、国宝指定の台帳では「平等院鳳凰堂四棟」となっています。四棟というのは、真ん中の阿弥陀堂と左右の翼廊と、後ろにずっと伸びていく分が全然別の建物で、それがどうしてつながったように見えるのかと言うと、軒の下でつながっている。脇の所で建物が切れていますけれども、軒下の、外とも中とも言えないその空間部分が微妙に重なり合っている。従って四つの建物がなんとなく一つに、自然に切れながらつながっているという構造を持っています。

なおかつ手前に池があります。これももちろん大事で、あれは池を越えて見るようになっている。ですから自然の水も一つなんです。ノートルダム寺院というのは、そばにセーヌ川が走っていますけれども関係なしにあの周りは別で、ノートルダム自体が一つの固まりで完結しているわけです。

それはシャルトルの大聖堂と、厳島《いつくしま》神社の場合でも同じことです。これはシャルトルの大聖堂で町の真ん中にあります。これはロマネスクからゴシックにかけて造られた教会でたいへん見事な形ですが、完全に外と中が区別されて十字形のプランを持っている。厳島神社の方は、ここに渡り廊下があって、これは潮が満ちてくれば水の中に入ってしまうんですね。あそこは風が吹き抜けますし、外とも中ともつかない、見事な調和を持った空間がそこに出来上がっているわけです。

それから、これは十七世紀、十八世紀の宮殿、ルーヴル宮殿と桂離宮です。桂離宮は非常に素朴な、建物自体が木と紙で、片方は石ですから非常に違うんですが、お庭とのつながりを見ていただくと、お庭が極めて自然に建物の軒下につながっていきますが、ルーヴルの周りの花壇を見ますと、幾何学でコンパスで描いたような花壇を造る。だいたい西洋では自然を支配すると言うか、人間の合理的な性格で造り上げるのが得意です。

これはヴェルサイユの庭ですが、極めて幾何学的にきちんと揃えている。これはもちろんそれなりの美しさを持っている。日本の場合には、こちらは大仙院の坪庭ですが、ああいうふうに作り上げたり切ったり、人間の手を加えた材料は使わない。極めて自然のままで、それを持ってきて組み合わせるのが大事なわけですが、極めて見事に組み合わせている。つまり自然にそのまま生かすわけですね。

絵の方に移りますが、だいたい風景画というのは日本では非常に古い。西洋と比べますと、西洋で風景画が独立するのは十六世紀末から十七世紀、せいぜい三百年前です。左は日本で最も古い十一世紀、山水屏風ですが、その以前から、九世紀から既にあったことが少なくとも記録では分かっています。そしてその中身は自然の中に建物がある。

右は春日大社の『春日曼陀羅』ですけれども、自然の中に建物がある。上の方に春日山があって手前の方にずっと建物が並んでいる。それを上から見下ろしたような形で描いている。この構図法も日本独特です。東洋のことを言うとまたちょっとした問題が広がってしまって、もちろん中国ではもっと古くから山水画があります。中国から日本に入ってきているわけです。日本だけで見ても、少なくとも千年以上前から風景を主体にした絵画が成立している。

そしてその風景のとらえ方はああいうふうに上から見下ろしたように描く。たとえばこの春日神社、これはみんな上から見たように描いている。しかし入口に鳥居があります。ここから中が神域なんですが、この鳥居もたいへん不思議なもので、外国人に対してgateと訳すと、「これがなぜ門なのか」と言われるんです。つまり門であれば物理的に外と中を区別しなきゃいけない。これは物理的には全く区別してなくて脇からでもどこでも入れるんですが、しかし心理的にはここから中は別の空間なんですね。これも日本的です。しかもこの鳥居は真横から見たように描いてあります。つまり視点が違うんですね。全体は上から見下ろしたように描いてありますが、鳥居は横から見たように描いている。この複数視点というのは日本の非常に重要な特色です。

自然を描いた風景を見てみますと、右が傳永徳の「桧図」で十六世紀の作品と考えられています。ほぼ似たような時期で、木を描いたものを比べてみると、左は十七世紀のホッベマの「並木道」ナショルギャラリーにある絵です。西洋の場合には一つの画面で世界が完結しますから、木なら木がぽんと真ん中に収まって、遠近法でずうっと空間があるという描き方になります。ところが日本の場合には、これは屏風ですから左右はもっとあります。縦はこれで全部です。木があったと思うと上で切れちゃっているんですね。それで平気なんです。と言うことは、逆に言えば木はもちろんもっと続いている、世界はもっと外に広がる、ということを暗示しているわけです。西洋では、額縁で世界が一つ完結する、完結性を持っています。

日本の場合には、これは智積院の等伯(春信)の襖絵ですが、木が斜めに画面を横切って、ここも上で切れています。上で切れてるけれども、本来はずっとあるんだということで、それが自然にこっちからまた出てきているわけですね。こういうつながりがなんとなくある、というのが日本の特色です。これは西洋にはない。今ここでは西洋というのを非常に大雑把にとらえていますが、その自然に対する考え方、あるいは完結性とその連続性も、十九世紀から変わってきています。

私はロマン派で変わってくると思っているんですが。ロマン派以降、いろいろと日本と似たような所が出てきます。これは応挙の『藤棚図屏風』ですが、藤の花が上から落っこちてくる。つまり絵の上の端から花房がいきなり出て来る。あるいは、これは広重の『名所江戸百景』の、『亀井戸天神』ですが、やはり藤の花が上から垂れてくる。つまり絵の中にいきなり上から垂れてくる、このような構図は西洋では考えられない。少なくとも古典的美学では考えられないものです。

それが西洋では、日本の影響で十九世紀以降変わった、と申しましたが、モネがその例です。これはモネが、明らかに広重の真似をして、柳が上から降ってくるような描き方をしています。ですから十九世紀以降は両方が関わりを持ってきます。

次は方や十七世紀、方や十九世紀初頭ですが、いずれも川の風景を描いています。ロイスダールの『滝』という作品では、川の流れがあって木があって、野原があって空があって雲があってと、あらゆる要素が入っています。しかも水平の「一つの視点」から見て世界をとらえている。完全にそこで一つにまとまっています。右は抱一《ほういつ》の『秋草、夏草』の『夏草』の部分ですが、夏草と水流だけでありまして、つまり余計なものは描かない。しかも夏草は真横から見て、水流は上から見ています。そして空も雲も何もなくして、しかも非常に見事なデザインになっております。「視点が複雑化」していること、そして「余計なものは切り捨てている」こと、これは日本の非常に重要な視点のとらえ方だと思います。

西洋では全てが一つの世界ですから、そこにともかく何でもなければ気がすまないという感じで、それは花を描いてもそうです。これはブリューゲルですが、花があって花瓶があってテーブルがあって、そこに花が散っているとか、虫がいるとかいうことを全部描いています。それに対し、光琳が描きますと、有名な『かきつばた図』では、花だけでたいへん見事にすべてを表現しています。私は一度西洋の方をご案内したときに「一体この花はどこに咲いているんだ」ときかれました。これは水の中に咲いているのに決まっているんですが、「水もなければ岸もなければ、空もない、不思議な絵だ」ということを言われた。そう言われればその通りですが、しかし非常に見事に、つまり余計なものは切り捨てながら本質を表現しています。

そして「明暗」がありません。ブリューゲルの方は明暗があって、一方から光が当たって明るい部分と影の部分がある。ということは我々がある視点から見ているからですね。ここでも視点は一定しています。光琳の場合はそれぞれ全部同じ形で見えますから、一点から見ているわけではない。じつを言うと花は全部パターンを使っているんです。描いたのではなくて、ぽんぽんとハンコみたいなパターンを使っています。ですから視点が一定ではなくて、視点が自由に動く。これも日本の特色です。

静物を描くときも同様で、これはステンウィックという十七世紀のオランダの画家の作品ですが、これもある一点から見ています。奥行きがあって光が当たっていて、いろんなもの、頭蓋骨とか本とか貝殻とか、面白いことに日本刀まであります。珍物を集めたものです。

日本で静物を描く例として、これは出光美術館にあります『誰が袖図屛風』ですが、だいたい空間がよく分からない。なるほど衣桁《いこう》に衣装が掛かっているけれども、そばにお盆があって行灯《あんどん》みたいなものがある。これはみな畳の上にあるはずなんですね。衣桁は立っているはずで、他は置いてあるはずなんですが、そういう空間意識はなくて一つの平坦な金地空間にまとめられています。ただし観察力は、別の意味で非常に鋭い。オランダの絵もたいへん観察が見事ですが、日本の場合にはもっと細部に対する観察が見事であります。これは視線、ものの見方の違いをよく示しております。

その最高のあらわれの一つが光琳の『紅白梅図屛風』、熱海の MOA 美術館にあるものです。これは左右二曲一双で、真ん中の水流がじつはつながるようになっているんですが、非常に単純な表現ながら、さっきの抱一と同じように、水流は上から見ていますね、紅白梅の木は横から見てますから、視点が複数化されています。そして、なおかつ白梅の方は根っこしかなくて外へずうっと出て、また上から落っこちて来るという連続性を示している。しかもたいへんに見事な金地の背景を示すという特色を持っていて、日本の美学の代表的なものと言っていいと思います。

そして最後に視点の問題。これはベラスケスの有名な『女官たち』ですが、ある一点から見ていて、一方向から光が当たっている。影の部分を見ると空間が奥の方にずっと広がっているのがわかります。これはたいへん見事であって、この部屋の様子、天井、壁、窓、さらに戸口があって向こうに階段があることまで、全部分かる、ずうっと奥行きが分かるようになっています。

日本の場合は、それを上から見下ろしたような形で描きます。これは『源氏物語』、「源氏絵」の一例ですが、ただし江戸時代のものです。部屋が隣にあって、庭があってという空間構成は分かりますが、一点から眺められたわけではない。一点で世界をとらえるのではない。住まい、建築は上から見ていますから、従って部屋の位置関係が分かる。人物は横から見て描いています。上から見たら少し寸づまりになる筈ですが、そうではなくて完全に横から見たように描いている。ここでも「視点の複数化」が行われている。平気で視点を移動させるわけですね。のみならず、上から見下ろす時、吹抜屋台というやり方を使う、これもまた外国の人が見ると「日本の建物は屋根、天井がないのか」と言われるんですが、そうではなくて余計なものを取り払ってしまうわけです。

左は『春日権現験記』、右が『洛中洛外図』、いずれも建物は上から見たように描いていますから屋根が見える。ここに庭があって、庭の水の流れや築山《つきやま》が見える。しかし人物はみんな真横から見たように描いてある。従って上から見た視点と横から見た視点が一つになっていてしかも極めて自然です。これは源氏物語絵巻の十二世紀のものです。これは『帚木の巻』の場面ですが、部屋は上から見下ろしたように、庭の木は真横から描いていて、視点が複数化されています。のみならず天井屋根を取り払ってしまってます。これは吹抜屋台と言って日本独特なんですが、中が見えるように勝手に取ってしまう。もちろん実際ないわけではないんです。西洋式ですと余計なものを切り捨てることをしないで全部描くわけですから、上から見たら部屋の中が見えなくなってしまう。

このような東西の違いが一体どういう意味を持つのか。最後にそのことを考えてみますと、統一視点も完結性もそうなんですが、西洋の場合には、一つの統一視点で世界をまとまったものとしてとらえている。ということは、描く人が、——描く人というのは見る人と同じですが——中心になっている。一つの中心があって世界をとらえるわけですね。ですから「主体」と「客体」ということで言えば、「主体」があくまでも大事であって、その「主体」の視点で世界が「客体」化される。

遠近法が成立するのはそのためであって、つまり遠近法というのは距離の問題ですが、それは飽くまでも画家からの距離です。これはどちらも都市図でありますが、左がフェルメールの『デルフト風景』、右が『洛中洛外図』です。これは林原美術館にあるもので、ここにいっぱいいろんなものが表現されているのはご承知の通りです。西洋の場合には、都市でも風景でも、人間の視点が決まっているわけです。従って遠くの方は小さくなって、光と影なんかも非常に見事に描かれてます。上半分は空です。

日本の場合には、これは京都の町で、二条城があって、いろいろ町家があるというのがわかりますけれども、その際視点が自由に移動します。これは部分を見ていただければ分かるんで、建物は上から見下ろしたようになってますから、従って奥行きではなくて上下に広がる。これは先ほどの『源氏物語』

の場合と同じです。つまり上下に広がって見えるわけです。吹抜屋台の場合と同じで、描かれる対象に最も適したやり方を用いる。「吹抜屋台」というのは部屋の中を見せたいというところから来る。描く人間を中心に考えれば見えないわけですけれども、部屋を大事に考えれば余計なものを取り払って見せようということになる。それから町の様子を見せたいというときには、町は空から見た方がよく見えるに決まっている。

フェルメールの作品は、たいへん見事に描かれていますけれども、町のプランはよく分からないわけですね、これは絵はがきと同じですから。つまり人間の視点で見ると、手前の所は見えますが奥の方は隠れてしまっている。ですからお城がここにあってその後ろに神社があってという、つまり地図みたいな町の建物の配置やたたずまいというのは、上から見た方が見えるに決まっていますから、日本ではそのように描く。しかし人間は横から見た方がいいに決まっている。人間は非常に細かく、そして完全に真横から見たように描いてあります。つまり、相手に応じて視点が変わるから自由に配置ができるわけです。

すなわち、西洋の場合、あくまでも画家の視点というのが大事であって、画家はいわば神様です。あくまで中世においては「神の視点」だったものが、ルネッサンス以降「人間の視点」になってきた。これは主体・客体で言えば「主も「絶対的な視点」というのがあって世界を一つにとらえようとする。これは主体・客体で言えば「主体重視」です。日本のように視点を自由に変える、というのは相手に応じて最も適当な視点をとることで、これは「客体重視」です。ですから、「日本人はどうも主体的ではない、相手に合わせ過ぎる」ということとも関係があるかもしれません。私はこの違いはかなり重要であって、これは自然の中に文字通り自然に入っていくのと、自然を征服して人間の意志を押しつけようとするやり方との違いだと思います。

最後にクールベと北斎を比べてみます。どちらも波を描いております。クールベの波は非常に見事ですけれども、それはあくまでも人間の見た波ですね。クールベが海岸に立って見た波を描いているわけですが、北斎の場合のこの驚くべき『神奈川沖浪裏』の波は「あんな波が一体あり得るのか」、つまり「誇張されているではないか」と言われますが、この波はこの舟の上の人が感じ取っている波です。まさに大きな波に襲われるような感じがよく出ています。しかし同時に外からも見ている。いろんな視点がここに入っている。クールベの場合にはあくまでも画家の一つの視点だけで世界をとらえようとする。

私はその主体・客体の関係が、日本は「相手の論理に合わせる」、西洋は「自分の論理、主体の論理で全てを割り切ろうとする」という違いがあって、これがたとえば遠近法の成立とか、あるいは額縁による完結性の有無というのと非常に深い関係があるのではないかと思っております。

ちょっと時間が過ぎたかも知れませんが、ここまでにしておきます。ありがとうございました。

第八章　自然と芸術――クレーと東アジア

O・ペゲラー

久松真一は『禅と芸術』（一九七一）において西洋の読者を東アジアの禅芸術に導いています。そこには多くの山水画や水墨画、花瓶や壺、茶室、石庭、能面の写真が掲載されています。それに先立って久松は、世界旅行の途中一九五八年三月十九日、フライブルク・イム・ブライスガウにおいて、禅宗における芸術と芸術作品について講演を行いました。この講演によれば、中国において六世紀にはじまった禅芸術は、朝鮮と日本に移植されて、とりわけ日本において開花し、その後十八世紀以降衰退しました。この禅芸術は決して、極楽往生した人々の浄土を神話的に形作ったものではありません。「何ものも聖なるものではない〔廓然無聖〕（Nichts Heiliges）」という言葉は、宗教的に生の中心にあると通常みなされているもの、つまり完成・完結したものを、拒否します。まさに苦渋に満ちたもの、割れたもの、完成していないものによってこそ、人間は自然を貫徹する真の自己へと目覚める、というのです。仏陀は仏教徒にとって悟りを開いた人ですが、禅においては、仏陀もまた先駆者にして模範として殺される〔殺仏〕

ということになります。〔しかし〕このまったき否定において、無は充実として示されなくてはならず、そして、この充実は世界を浄化された世界として返してくれます。禅芸術は、それゆえに、山や川、果物や鳥といった日常的な事物へと、すなわち、人間の生を織りなす典型的な形態へと導くものなのです(1)。

このフライブルクでの講演の前日、西田の弟子〔久松〕は、同い年のマルティン・ハイデガーの主催によって、「芸術と思惟（Die Kunst und das Denken）」というコロキウムを持ちました。ここにいうKunstという語は、決して西洋の芸術のみを、すなわち、六世紀以降絵画において聖なる出来事に登場する人々を描き、その後世俗化し自立的になった芸術（つまり、近代の日本語にいう芸術）のみを意味するのではありません。ここでは同時に、道教の内にその先駆形態を持つ禅芸術（つまり芸道）も理解されています。ハイデガーはヨーロッパの芸術を、呈示し可視的にすること、すなわち「像へともたらすこと（Ins-Bild-bringen）」として特徴づけます。像とは意味を担った像（Sinnbild）です、なぜなら、それは感性的なものの内に非感性的なものを示すからです。それに対し、〔久松によれば〕書くこと〔書道〕に由来する禅芸術においては、像はむしろ妨げとなります、そこで、この「妨げを取り除くこと（Enthinderung）」、つまり、像および意味ある像から離れて、「自己を根拠へと動かすこと」が求められることになります。こうした矛盾するような見解に対して、ハイデガーは、画家パウル・クレーはもはや意味ある像を形作る画家（Sinnbildner）ではない、と主張します。事実ハイデガーは、私たちが西洋において（おそらくクレーとともに）ようやく求めているものを、日本人はすでに有していた、と考えているのです。それでは、クレーが求めていた線描と絵画は、本当に西洋の伝統から切り離されて、禅芸術に近づいていったのでしょうか。久松の〔フライブルクでの〕講演を翌日に控えた日に、ハイデガーは自分の家でクレーの絵を示し、そしてクレーのある詩を、あるいは「詩のように」響くものを朗読しました。果たしてクレーはその絵において、画題において、またその詩において、東アジアの山水画に、すなわち詩と結びついているために線描と絵画が瞑想ないし詩の内にその根を持つ山水画に近づいているのでしょうか。ハイデガーは決して近代のヨーロッパ絵画が一般にこうした道を歩んでいるとは考えていません。むしろ彼は、この近代ヨーロッパ絵画の内部で、ある決断を要求するのです。ピカソの巡回展が好評を博していたときに、ハイデガーは次のように述べています。「私の考えでは、パウル・クレーの方がピカソよりも重要な画家です。[2]」

私たちが見逃してはならないのは、クレーに対するハイデガーの関係がこの時代に特有のものであった、ということです。すなわち、それはこのナチによって追放された画家の理論的反省と作品が当時発見されたことと関係しているのです。ハイデガーは、抽象画家のユルク・シュピラーが久松との会話に参加することを望んでいました。クレーはかつて一九二四年にイェーナにおいて自分の絵画の展覧会に先立って「近代の芸術について」という講演を行いましたが、それが印刷されたのは戦後のことです。ユルク・シュピラーは一九五六年に、クレーのバウハウスでの教説の公刊（それはまだ完成していないのですが）を始めました。当時ハイデガーは、クレーの素描と絵画を見るために、ベルンとバーゼルに出かけました。手助けをしたのが、例えばバーゼルの公的な芸術収集の責任者であったゲオルク・シュミットです。彼はナチの時代に、可能な限り「退廃」芸術を救おうと試み、そしてクレーの死に際しては追悼演説まで行っています。彼は一九五六年のハンブルクにおけるクレー展の開催に際して、クレーの絵画は形態の側から見られるべきであって、表題（それはたいていの場合は最後に見出されたのですが）は単なる補助的な示唆とみなすべきである、と一方で述べていますが、それにもかかわらず、彼は同時にクレーの絵を「視覚的な詩」と呼び、「クレーは詩的な画家であるという点で、二十世紀をはるかに越え出ている」と語っています。このようなシュミットがハイデガーを、すなわち、一九三三年にフライブルク大学の総長として、ドイツの大学と芸術大学からパウル・クレーのような「不良分子」を排斥しようとした人々を支持したハイデガーを受け入れることなど、ありえそうには思われません。ところが、シュミットは詩に対するハイデガーの態度、さらにヨハン・ペーター・ヘーベルのアレマン語による詩作に対するハイデガーの態度に注意を向け、ハイデガーの後年の講義にも出席しました。そして彼は、ハイデガーがクレーを正当に「評価」することを、また、ロンシャンから帰った後でのハイデガーとの対話においては、ハイデガーが「まさに」クレーについての「本」（彼自身こうした極端な言葉遣いをしているのですが）を公刊することを期待していたのです(3)。

ハイデガーにとって問題であったのは、近代絵画一般ではなく、この近代絵画のとった道についてある決断をすることでありました。ですから、近代絵画について書かれたヴェルナー・ハフトマンの先駆的な書物にも、ハイデガーは全く満足しえなかったのです。なるほどこのハフトマンの書物は、新しいものを以前とは違った仕方で受け入れることを可能にしました、しかし、この書物は彼の知りたいと望んでいた決断については何も示唆していないのです。

ところで、ハイデガーはクレーとピカソとを対比しますが、その対比の仕方も同様に当時に典型的なものです。つまり、ピカソは所与のものから新たな美的形態をもぎ取るのに対し、クレーは芸術にとっての新たな場所を指し示す、というのです。ヴェルナー・ホーフマンは、ハンブルク美術館長としてさまざまの大きな展覧会を開きましたが、一九九〇年にはクレーの回顧展を開いています、このホーフマン自身次のように述べています。――私自身、クレーが亡くなって何年もたってようやく、彼が個人的および公的生に由来する脅迫から逃れるために、芸術の内に避難所を求めた、ということに気づいたのです。私は一九五六年にヴィーンでクレー展を開きましたが、その際に、例えばトマス・アクィナスからの引用によって、クレーに「宗教的に意味を創建する人の地位」を与えました。「それは単に主観的な傾向性にのみ対応するのではなく、同時に、治癒力をもった芸術に対する当時の憧れにも対応していました」。私たちは、ゼードルマイアーの「中心の喪失」の理論に対して、クレーとともに対抗することができました。また、私たちはピカソとの分岐点をも明確にする必要がありました。ピカソの内に私は当時、ベルジャエフとともに、ただ古い世界の末裔を、つまり、ただ所与のものから再び美的な形態をもぎ取る人を見て取ったのです〔と、このようにホーフマンは回想しています〕。

ハイデガーにとって重要な出来事であったのは、バーゼルのバイエラー画廊が一九五九年にピッツバーグからの莫大なクレーのコレクションを展示したことです。ハイデガーはこれらの絵を集中的に研究し、記憶のためにスケッチをも残しています。彼はバーゼルの牧師館で、かつてカルヴィンが住んでいたといわれる部屋でお昼時に休むこともできました。彼はまた、友人達とともに時を過ごしながら、このクレーとの出会いに備えていました。ハイデガーは、例えば、ライヒェナウのオット朝の絵画を研究していた芸術史家のヤンツェンとも会話を交わしました。その後、このクレーのコレクションはデュッセルドルフにきました。ヴェルナー・シュマーレンバッハはある注釈書において、個々の絵画について批評し、いかにクレーが形態化のさまざまの可能性を身につけたのかを示しました。すなわち〔シュマーレンバッハによれば〕、私たちが植物を想起すべきか、それとも羽を想起すべきか、といった多義性は決定されずに残され、クレーの個人的な詩が、バウハウスできわめて重視されていた幾何学を、戯れに満ちた空想へと引き戻しており、クレーの最後の数年における死への厳粛さも彼の絵からフモールを除き去りはしない、というのです。ヴェルナー・シュマーレンバッハは、ノルトライン・ヴェストファーレン州の芸術収集の責任者として、これらのクレーの絵を中心として近代絵画のコレクションを作り上げ、それは今日ではこの種の美術館として最も重要な三つないし四つの美術館の内の一つとなっています。ちょうど蜘蛛のように、美術館長は自分にとって形式的特性を持っているように思われるものを、そして新しさをもたらしているものを、自分の巣に加えます。しかし、美術館長は、自分の収集が一面的であると直ちに非難されるのを、甘受しなくてはなりません。だが、ハイデガーならばむしろ別の功績を自らに与えたことでありましょう。彼は、クレーの一九三九年の作品《一つの門》について、それは死の門であって、われわれはみな一度はそこを通り抜けざるをえない、と語っています。彼はこの絵を一種の警告として、あるいは道標として捉えました。彼がこの絵にあまりに魅せられたことを知ったバイエラー画廊は、この絵を他の絵と一緒にデュッセルドルフに売ることをしませんでした。果たしてハイデガーはこの絵を、あまりに公共的な展示から、またあまりに早急な美術館への組み入れから救ったのでしょうか。いずれにせよ、クレーとは彼にとって、将来いつか生〔人生〕に対して助けを与えてくれるが、そのことを通してまた芸術についての伝統的な思考および反省を土台から覆すものを教えてくれるものでもあったのです。たが、ハイデガーは、人々が自分のクレーへの熱狂に注目し、クレーの画集の公刊に際してある序文を書くように求めている、と予感したとき、自分の方からその申し出を断ったのです。自分にはまだ、このクレーの解釈が適切であるか否か、明らかではない、というのがその理由でした。

ハイデガーよりも十歳年上のクレーは、一九一九年に『創造的信条』というテクストを書き始めますが、その冒頭には次のようにあります。「芸術は見えるものを再生するのではない、芸術は見えるようにするものである」。芸術は与えられた現実から典型（Vorbild）を取り出してそれを呈示するのではありませんん。それでは、芸術は人間に、別の意味での典型、つまり生に対する新たな規範を目の前に呈示することを、義務づけているのでしょうか。ハイデガー自身芸術作品の起源についての諸講演において、ギリシアの神殿の例から始めて、ギリシア神殿は何も描写しない、それは真理を作品の内に置くのであり、ポリスにおける生に対して進路を与え、そのことによって歴史を基礎づける、と述べています。しかし、「作品の内に置くこと」における「置くこと」（つまり、「見えるようにすること」における「すること」）は、後にハイデガーによって批判的傍注において拒否されます。芸術はそもそも、ある民族の作品、その民族の精神的指導者の作品ではもはやありえません、なぜなら諸民族の歴史は自己破壊的な世界戦争において、技術（Technik）によって決定的に刻印されている世界文明へといたったからです。一九五九年頃、ハイデガーは芸術作品についての講演の対をなす「補足」において、クレーに即して、近代芸術は何であるのか、ないし技術の時代において芸術は何であるのか、を示そうとしました。しかし、ハイデガーはクレーの言葉と理論を引き受けはしませんでした。むしろ彼は、自分が身につけた言語に即してクレーを解釈しました。ブショールのような考古学者とともに、ハイデガーはギリシア芸術の最古の段階に戻ります（例えば、それ固有の生命でわれわれを驚かし、われわれの視覚の習慣には適合しないような最初期の彫像に）。〔ここで最古のギリシア芸術の特徴を明らかにするために、後の時代のギリシア芸術との比較を試みるならば、盛期ギリシアに活躍した〕プラクシテレスのような彫刻家は、ヘルメス像を観照者の視覚に向けて整えています。プラトンが存在をエイドスないしイデアとして、それゆえにまた明瞭で操作可能な可視的像として捉えたのも、同様の事柄です。ギリシア人は「見る」ことに即して、つまり視覚に即して人間存在を理解するので、芸術と哲学は美的にして形而上学的となります。だが、それに対して、ハイデガーはこうした盛期ギリシアに先立つアルカイックなものの内に、保持されるべき原初的なものを求めます(6)。彼は、われわれを捉えて話さない像を、もはやプラトン的な典型（Vorbild）として呈示するのではなく、そこから起源へと、つまり、常に秘密に満ちて自己自身の内に隠れてゆく起源へと遡ります。典型から起源への道のり、それは私たちを時間から永遠なものへの動きへと関与させるのですが、まさにこの道のりこそ、クレーの芸術を東アジアの芸術と結びつけるものとなりましょう。

ハイデガーはすでに一九二五—二六年の冬学期に、《森のノロシカ》のような絵を通して生を自然へと引き戻した画家フランツ・マルクに言及しています。こうした地上の楽園の設立は、しかし、第一次世界大戦において挫折し、マルク自身、この戦争において兵士として死んでしまいます。パウル・クレーはこの戦争を単に生き延びたのではありません。戦争がはじまったときに彼は、私はこの戦争を、それゆえにまたヨーロッパの歴史のあらゆる基準の喪失をすでに長い間自己自身の内に有していた、と述べました。それゆえに、彼はこの戦争をまた自己自身の内で克服しなくてはならなかったのです。クレーがナチの独裁によって追放された後に《一つの門》のような絵画において自己自身の死を受け入れたとき、彼は、ただ死に対してこのようにかかわることによってのみ、そして、すべての与えられたものと熟知されたものとから分かれることによってのみ、ヨーロッパの歴史は変化しうる、ということを示しました。それゆえに、ハイデガーはとりわけクレーの後期の絵画を、例えば、クレーが自分の死の直前に描いた《死と火》のような作品を重視しました(7)。白い灰をかぶった髑髏が、ずっと燃え続けている暗い火の上におかれています。ある線がこの髑髏を板と結びつけており、この板の端には球ないし地球がおかれていますが、それは今にも落ちそうです。一人の人間が、さまよう男娼のように、死と火の方に向かっていきます。クレーは身につけた形態化の諸々の可能性を、この絵画の内に置き入れました。彼はこの絵画に単に説得的な題を付けたのみではありません、私たちは「死」という語を構成する文字(Tod)をこの絵の内に見出そうとすれば見出しうるのです。この絵は実際、東アジアの瞑想の内に認められるような、髑髏の瞑想なのではないでしょうか。バウハウスの「仏陀」ともいうべきクレーは、追放と孤独の内で、極東に近づいたのでしょうか。

しかし、クレーの歩みを全体として眺めるならば、パウル・クレーがヨーロッパの画家でありまたそうであり続けた、ということが明らかとなります。彼が素描家・線描家として受けた教育は、当時よくあるように、奨学金によるイタリア旅行に基づいています。しかし、ローマにおけるヨーロッパの古典主義的伝統を前にして、クレーは、時代に対する自分の態度が風刺的であることに気づきます。自分の生も時代の生も深くかき乱されていましたが、しかし、クレーはこの混乱に対して「一匹の野獣のように」(8) 抵抗しようとしました。クレーは通常の印象をデフォルメしますが、それは苦々しい美を示しているのではなく、まずは攻撃にして防衛なのです。まさにこのようにして、クレーの内に、古典的伝統から距離を置くロマン主義者が現れ出るのです。彼はこうしたことを達成するために、例えば、音楽においてバッハやモーツァルトによって達成された対位法を、絵画の内に引き入れようと試みます。一本の単純な線でさえ、持続し呼吸する運動であり、それは向きを変えては、自らに対応する仕方で反対の動きを獲得します。このようにして絵画は多声音楽となり、複数の自立的中心に満ちたものとなります。見渡された全体への透視としての一点から見た遠近性はもはや可能ではありません。バウハウスでの教師として、クレーは今までとは異なったこの新たな理論を、技術的なものに即して汲み出そうとしました。彼はイェーナでの講演「近代の芸術について」において、線に対して明暗の調子と色彩とを対置しています。クレーによれば、これらの要素を用いて形式化するところに構成が生じ、またそれをさらに複雑化することによって自由に活動する想像力による綜合にまで達することができるのです。すでに構成の段階で、星や植物といった可視的なものが想起されます。しかし、可視的な世界は単に形の末端

（Form-Ende）〔つまり、出来上がった外的な形〕を示すのみです。それに対し、造形芸術は〔自然の創造過程それ自体に向かうために〕、常に開かれた生成（Werden）ないし創世（Genesis）に下属したものであり続けます。もしもクレーの芸術がこうした生成に開かれているとするならば、彼の芸術はまた生の新たな諸可能性を示しうるでありましょう。というのも、単に技術的なるものが私たちの世界文明においてますます進出していますが、こうした進出が彼の絵によって断たれるからです。なぜなら、《死と火》のような作品は私たちに有限性と運命とを想起させるとともに、そのことを通して私たちが私たちを治癒するものを必然的に選択するように仕向けるからです。

クレーは一九三三年一月三十日、つまりナチが政権を握った日に妻に対して、自分のことを「気がふれたように描く人」と呼んでいます。彼は、このあまりに個人的な活動は長い時間たって初めて、死後のしばらくたってから（つまり、「偉大なるヒットラー」が辞書で引かなくてはならない単なる名前となるときのことですが）注目されるでしょう、と書いています。(9) 疑いもなく、クレーの立場はゲーテのそれに、すなわち、自然をその形態に関して問い、悪の持つ刺激的な力を善から分けようとしないゲーテの立場に近いものでありました。しかし、クレーは自分が危険で邪道の時代に生きていることを見て取ったために、善と悪との対立を〈すべてを包括する自然〉の名において解消することに対しては懐疑的になりました。果たして歴史はなおも自然の内に統合されうるのか、と問うたのです。ヴァルター・ベンヤミンはクレーの作品《新しい天使》の内に「歴史の天使」を見出しました。(10) しかし、実際にはこの新たな使者も、歴史においては、空虚で破壊的な妄想へと広がっていく力でありました。死が近づいたときに初めて、クレーにとって天使は、彼の芸術上の苦労を通して、明るい形態を採ります。とするならば、クレーの芸術の根源には詩があって、この詩が詩的な「題」の内に取り込まれた、と解することはできないでしょう。この詩的なものは、決して禅画におけるように風景に対する詩として現れるのではありません。それはむしろ、絵に対して付加的で拡張的なものであって、それは描くこと自体と均衡状態に置かれるべきものなのです。禅宗の絵画は、絵画の外部においても展開される支えを、公認された瞑想の実践の内に持っていますが、クレーの芸術においてはそうではありません。クレーにとって描くこと、描写することは支えのない冒険であって、結局のところ追放された孤独な人の歩みなのです。クレーの歩みをその全体において眺めるならば、クレーを禅の芸術と橋渡しする試みはあまりに早急で不適切である、ということがわかります。

小田部　胤久　訳

(1) Vgl. Hisamatsus Freiburger Vortrag in: Die Philosophie der Kyôto-Schule. Hrsg. V. R. Ohashi. Freiburg/München 1990. 236 ff.

(2) Vgl. die Protokolle des Kolloquiums und des Gesprächs in: Japan und Heidegger. Hrsg. von Hartmut Buchner. sigmaringen 1989. S. 211 ff und 189 ff.

(3) Vgl. Dieter Jähnig, in: Erinnerung an Martin Heidegger. Hrsg. von Günther Neske. Pfullingen 1977. S. 140 ff; Heinrich Wiegand Petzet: Auf einen Stern zugehen. Frankfurt 1983. S. 158 f.

(4) Vgl. Werner Hofmann u. a.: Paul Klee. Fünfzig Werke aus fünfzig Jahren. Ausstellung der Hamburger Kunsthalle. S. 9f.

(5) Vgl. Werner Schmalenbach: Paul Klee. Die Düsseldorfer Sammlung. München 1986. zum folgenden vgl. Heinrich Wiegand Petzet S. 156.

(6) Vgl. Martin Heidegger: Parmenides. Frankfurt a. M. 1982. S. 158 ff; Heraklit. Frankfurt a. M. 1979. S. 21. Vgl. ferner Günter Seubolds Bericht über "Martin Heidegger: Die nachgelassenen Klee-Notizen." In: Heidegger Studies. 9 (1993). S. 5 ff.

(7) Vgl. Martin Heidegger: Zur Sache des Denpens. Tübingen 1969. S. 1. In Bremen behandelte Heidegger im Frühsommer 1960 in einem Seminer "Bild und Wort" ein Zitat aus Augustins Konfessionen, das Fragment 112 von Herraklit, das Gleichnis vom Glockenspielständer des Tschuang Tse, die Jenaer Rede Paul Klees über die moderne Kunst und den eigenen Zweizeiler: "Erst Gebild wahrt Gesicht./Doch Gesicht ruht im Gedicht." Vgl. Petzet S. 65.

(8) Vgl. Tagebücher von Paul Klee. Hrsg. von Felix Klee. Köln 1990. S. 81, 103.

(9) Vgl. Werner Hofmann. S. 108.

(10) Vgl. die neunte von Walter Benjamins Thesen über den Begriff der Geschichte.

ディスカッション

司会（小田部） それでは時間がまいりましたので、これより討論に移ります。討論に入るに先立ちまして、一応私なりにいくつかの論点をまとめておきたいと思います。今日の三つのお話はそれぞれ違う点からなされたものですけれども、かなり共通の論点があったように思われます。それを一応三つ、議論に先立ちまして挙げておきます。

第一点は、ヨーロッパ的な絵画が基本的には像（Bild）、つまり見られるものに帰着するのに対して、東洋的、日本的なものはそういうBildには帰着しないのではないか、こういう点が特に大橋先生のお話とペゲラー先生のお話で出てきました。このBildという問題は、高階先生のお話と関連づけるならば、ヨーロッパ的な絵画が明確なもの、完結したものであるのに対し、東洋的なものは完結しないものである、という「非完結性の問題」とつながるはずです。

ところで、この非完結性という問題は、二番目に、つまりこれは空間的に固定していないという意味において、「時間性の問題」と関わってきます。これは今日のお三方の先生の全てのご講演に関係するのですけれども、移ろいやすさであるとか、あるいは四季の問題であるとか、あるいは視点の移動といったもの、これらは全て時間性の問題としてとらえることができるのではないでしょうか。そこで、空間的な固定したものに対する時間性、これを第二の論点に挙げてみたいと思います。

第三としましては、今申しました視点の複数性ということと連関してきますけれども、これは特に高階先生のお話に強調されていた「主体中心主義」対「客体中心主義」といったような議論、これも第三の議論として注目すべき点でしょう。

今日いらしていただいた木村敏先生は、「主語の論理」と「述語の論理」の対比に注目していらっしゃいますけれども、この問題とも当然、どういう形で中心を求めるのか、という点で関わってくると思われます。これをもう一度、視点の複数性といった問題と関連づけますと、この時間性、視点の複数性という問題は、じつは今日のペゲラー先生のお話では、既にクレーの内に明確に見てとれる、という点が面白いところです。特にクレーの場合ですと、絵画というのは出来上がって固定したものではなく、Werden ないし Genesis である、つまり生成を求めるものであり、それは開放的なもの、offen でなければならないという論点がありました。また複数の視点という問題も、ペゲラー先生はクレーの絵画における多声音楽のようなもの、つまり一つの中心ではなく多くの中心を持ち得るような絵画、というものの可能性を示されたという点で、議論がまた面白く交差してきたかと思います。

ここで、もう一度「視点の複数性」ということを考えるならば、これは「見ること」というのはどういう問題であるのか、という問題、つまり最初の Bild の問題に戻ってきます。ペゲラー先生の今日のお話では、ハイデガーに即して、ギリシア的な見ることに対する、アルカイックなものの強調、という議論がありましたので、これもまた Bild を中心に見たヨーロッパ対、Bild 以上のもの、精神的なものという日本、という最初の図式と何がしかの関係も出てくるのではないでしょうか。とすれば、絵画を視覚芸術とみなすこと自体、反省を迫られているともいえます。これは一応私自身が個人的に感じた論点ですけれども、これとは関係なく、自由に議論をしていただきたいと思います。

先ほど休憩の際に特に質問があるということで、まず松山先生の方からお願いできますでしょうか。

松山　まずは大橋先生の今日のお話で、「雪舟とヨーロッパ」ということで、文字通りアジアとヨーロッパの対比論でありますけれども、今日のお話は、もっぱら雪舟が中心で、ヨーロッパとの比較という点、これ時間切れだと思いますが、さほどお話されなかったと思いますので、比較という点を補足いただきたいということです。最後にニーチェに触れられて、確かに『山水長巻』の話は、ニーチェのツァラトストラの入山・下山というのがすぐに結びつきますけれども、ヨーロッパとの比較という意味であれば、必ずしもニーチェに限る必要はなくて、もう少し、広がった議論もおありじゃないか、というふうに思いますので、ニーチェ以外にも特にこれはというようなものがあれば、お聞かせ願いたい。

その点に関連して、高階先生のお話は非常にグローバルな形で、しかも非常に整理された四つの点から東西を比較していただきました。その観点から、大橋先生のお話に対して、特に比較論に対するコメントが伺えればたいへんありがたいと思います。

再び大橋先生に戻って、ペゲラー先生のご議論の中で、結論としては「クレーの芸術と禅芸術との橋渡しは不可能だ」というご議論でしたが、そのご議論のポイントは、禅宗の絵画の場合には瞑想の実践という支えを持つ、クレーにはそれに相当するような支えはなかった、というご議論であったわけですね。この点、特に禅画という水墨画で議論された大橋さんの観点から、その結論に対してどういうご意見がおありでしょうか。

司会　ではまず大橋先生から。

大橋　どうもありがとうございました。三つのご質問をひっくるめて、簡単にお話したいと思いますが。まず自分自身の感想と、それからお二方の先生のお話を聞きまして思ったことです。高階先生のお話にもちょっとありましたように、ロマン派の頃から少し何かが変わってきた。芸術のための芸術というような観念から少し何かが変わってきた。その変わった時点を考えますと、ロマン派の頃に、東洋への関心が芽生えてくるわけですね。ロマン派と言っても、哲学の場合と芸術、芸術の中でも文学と音楽とで、それぞれ時代がちょっとずつずれておりますし、意味が違いますが、大局的に見てこのロマン派の時代がひとつの転換期にあたります。たとえば同じ頃にそのカントの講義の中で日本についてずいぶん述べられたりいたします。しかし、ロマン派の場合には、まだ日本の絵画の影響というのは出てきていない。印象派の頃にやっと明瞭になってくるという気がいたします。

ロマン派はすでに近代の運動ですが、私自身の問題は、近代になって何がどう変わったかです。印象主義以降、近代になって、江戸時代にはヨーロッパの絵画の影響があらわれて、たとえば北斎にも遠近法があらわれますが、「複数の視点での遠近法」で、遠近法とは言えない遠近法です。しかし明治以降の洋画は文字通りヨーロッパの絵画になる。ヨーロッパの方でも何かが変わってきた。ヨーロッパ文化への自己懐疑が始まります。その延長上にクレーを見ることができる。彼が禅的であるかどうかということもそういう視点から見ることができると思います。

そうしますと、一方でどこまでも違う、クレーは禅的に見えるけれども違う、という側面と、しかし東と西とが別々であった時代とは違って、両世界が融合している時代、そこで改めて「芸術に映る東西の自然観」を比べる意味が生じます。両世界で「近代」の局面が違ってくる。そこで、松山さんの最初のご質問はこのようなもっと広い視野から受けとめることができるかと思います。

西田幾多郎は『禅の研究』の中でジョットーの例を挙げています。ジョットーがローマ法皇の前で一円相を描いたという逸話です。これを西田幾多郎は禅的な意味にとっているわけですが、実際に伝記を見ますと、ジョットーは一円相を描くときに、自分の体を軸にして自分の手をコンパスにして幾何学的に円を描いて見せたわけです。つまりデッサンの腕前を見せた、ということで、禅的な絵とは一応は似ても似つかない行為でした。しかし西田がこれを禅的なものと理解することも、全くちがってはいないと思うわけです。長年の修練を、法皇の前で一円相描くという仕方で示すところに、少し「禅機」といったものがあります。

似たような例が、ペゲラー先生が引用されました『死と火』です。私もクレーのこの絵に非常に関心を持ったことがありますけれども、確かに禅的なものとは似ても似つかない、ということがあるわけですが。しかし、禅などを意識しないままに、かつ瞑想の実践の裏づけなしに、どこか禅的といえる仕方で現代世界を描いている。『死と火』は、ペゲラー先生のお話では「人間の有限性」とおっしゃったその「死」を越える何かを、「火」というふうに、あるいは天使的なものというふうに、描いている。そこに全く禅的な絵と違うと見るのは当然のことですが、しかし禅が問題としたところと共通のものをハイデガーが感じとるということもあり得るのではないか、という気がいたします。

司会　では高階先生、お願いいたします。

高階　ご質問は大橋先生の比較論に対する感想をということだったんですが。お話を伺ってたいへん面白かったのは、まず雪舟の『山水長巻』という、つまり画巻形式のものを日本の一つの特徴として取り上げられて、当然それはスライドでずうっと見せていただいたように、ある時間の中で展開されている。従って当然動きがあるわけですが、つまり一瞬で止められた時間ではない、一つにまとまった空間ではない。山の中に入って行って出てくるという動きを絵画化していったものであって、これは日本の美術の大きな特色だと思っております。西洋の場合には、その動きを止めて、どこかの一瞬の姿の中に永遠を見ようとするわけですが、そうではないという意味で、たいへんに適切なご説明だったと思います。

そして、なおかつ、そこに四季の移り変わり、つまり単に人間が動くだけではなくて、四季の移り変わりが自然に入っている。これも大橋さんがおっしゃったように、むしろ中国以上に大和絵の特徴だと思いますが、一つの絵の中に四季が表現される、いわゆる「四季図屛風」というのが、あるいはもっと細かく十二ヶ月の様々な行事が表現される「月次《つきなみ》屛風」、これ一年間のものがずっと一つの中に並ぶわけです、というのは非常に大きな日本的な特徴だと思います。

外国でももちろん四季の絵というのはあるんですが、基本的には、四季の絵というのは四つに分かれるわけです。完全に分けます。これは春の絵、これは秋の絵、というように分かれて、四つを並べることによって、つまり別々の絵を並べることによって四季をあらわす。日本はいつの間にか移り変わって、手前の方にまだ、もみじがあって、奥の方に雪の山がある、というような、一つの画面の中に共存しているというのは、つまり時間が、これは複数時間と言うべきか、引き延ばされた時間と言うべきかが画面の中に入っている。『山水長巻』はその一つの例でありますけれども、たいへん面白く思いました。

そして、それとの関係ですけれども、日本の場合には、最初の小田部さんのまとめで、絵は見るものであると、普通「視覚芸術」と言ってます。日本の場合には必ずしも見るだけではすまない。ここでも西洋の場合には、「視覚芸術」という言葉自体が多分西洋から来た言葉であって、なるほど絵は見るものなんですが、日本の場合には同時に、身体で受け止めると言いますか、つまり雪舟の絵を見ていれば自然に何か山の中を動いていくような感覚を、我々は受けるわけです。そこに時間の、季節の移り変わりも感ずるということがある。美学の場合には、どうしても視覚芸術とか聴覚芸術というふうに明確に分けていくのですが、そうではない面というのが、私は日本人の美意識の中でたいへん大事で、従って鑑賞するときには、たとえばお茶の「場」、これはさきほど、場所、トポスが大事だと言いましたが、同時にお茶を味わいながら、あるいは人々と語り合いながら絵を眺める。単に眺めるだけではない、一種の「パフォーマンスとしての鑑賞形式」というのが非常に発達していると思います。

それは、今のヨーロッパとの比較で大橋先生がおっしゃった、ヨーロッパの非常に明確な絶対的視点、これ、中世では神の視点で、ルネッサンス以降、人間の視点にそれが入って来て世界をとらえようとしたんだと思うんですが、それが自然科学の発達と結びついた、というのは全くその通りだろうと思います。その場合の自然科学というのは、今の四季を分けたというのと同じで、たいへん分析的なとらえ方をしているわけです。できるだけ分類し分析し、分けていって、つまり世界はそういうふうに分けられるものである。分けてそれぞれの原理を探して、それを改めて組み立てれば世界が出来上がるであろう、というのが自然科学の基本的な考え方だと思います。この考えに対して二十世紀になってずいぶん疑問が出てきてるんだろうと思います。

日本はどうも最初からそうではなくてですね、たとえば「見る」ということは、西洋では、目は見る、耳は聞くと、つまり五感の認識があって、これはそれぞれの感覚をまさに分けてるわけです。日本はそうではなくて、見るというのは目で見るだけではない。昔から、お医者は「脈をみる」と言いますが、これは感触の問題なんですね。あるいは「湯加減をみる」ということを言います。落語でもって、小僧に「お湯をみておいで」と言って、小僧が「へい、見てきました」って。「どうだった」って、「お湯がありました」というだけで、「それはいけない」というのがありますが、要するに湯加減というのは、手を入れて加減を「みる」わけですから、従ってそれは感触の問題であります。それから「味をみる」と言いますね。味見するし、毒味すると言いますから、これは味覚の問題でもあるわけです。

同じように、「聞く」というのは聴覚だけではなくて、聞酒《ききざけ》と言います。あれも聞くと同じこと、味覚の問題でもありますし。それから、香は普通「香をきく」と言いますから嗅覚の問題でもある。つまり、日本の場合には、見るとか聞くとか、触るというのは触覚の問題ですけれども、目ざわりとか耳ざわりと言いますから、やっぱり目や耳にもさわってくるわけで、様々な感覚が一つになっている。多分、「見る」というのは「存在認識の一つのあらわれ」で、「聞く」というのは「価値評価の一つのあらわれ」ではないかと思っているんですが、つまり感覚に共通するものを見つける。従ってBildはBildだけですまないんですね。人間の生活の中に入り込んでくる。そこへ運動感覚もあれば内部感覚もある。「分けない世界」というものが、日本人の美意識の中に非常に深く入っているんではないか、という気がいたします。

それがロマン主義以降大きく西洋が変わってきた、というのは、ロマン主義以降、非常に先鋭的な人々は従来の西洋的な考え方に対する疑問が出てきてる。芸術にそれが出てると思います。従って二十世紀はもっとそれが明確に出てきて、クレーの場合に、私はたいへん興味を持つのは、ペゲラー先生もおっしゃいましたが、あれは見るだけではなくて、「詩」の世界と結びついている。クレーの詩のタイトルに関してですね、あれは出来た後につけたんだ、とかいろいろ議論がなされていることは、ペゲラー先生がご紹介されましたが、私はやっぱり非常に深く結びついていると思います。

日本の禅画というのは本来そうなんですね。詩画軸というのが日本にありますが、絵と詩と、つまり言葉とが一つに結びついていて、そこで一つの世界が出来上がる。クレーの場合には、あれは単なる視覚芸術だけではない。なおかつ彼は「見えないものを見えるようにする」と言っています。これはロマン派から来た考えだと思いますが、フリードリヒが同じようなことを言ってますから。しかし、同時にそれは言葉の世界でもあり内面の世界でもあり、詩の世界でもあるという形で、二十世紀というのは、従来の明確に分けてきて分析し分類することによって成り立ってきた世界に対するアンチテーゼが、様々な形で出てきているんだろうと思います。

たとえば遠近法みたいなものは完全に、見る、視覚世界だけで成り立つ。そしてそれは非常に見事なものなんですが、そうではないものがあるよ、ということを二十世紀の芸術家たちは気づき始めている。それが多分ロマン派以降で、ロマン派と言っても広い、というのは大橋先生もおっしゃる通りなんですが、十八世紀末から十九世紀ぐらいにかけて西洋の考え方に非常に大きな変化があったんだろう、というふうに私は考えております。それが芸術の上であらわれたのがロマン主義であり、それが二十世紀にまでつながっていく問題ですね。

日本の方は逆に、西洋のものをその頃から受け入れようとしたわけですね。ですから逆に、絶対的なものを求めようとして、西洋の遠近法だとか、従来なかったものを取り入れて、明治以降は完全に、日本は西洋を一生懸命入れようとして、西洋は印象派のときに日本が入ってきますが、つまり両方が逆の方向で歩み寄ってきつつあるんではないか、という気がいたします。

その点が、西洋文明の、私、もともとが西洋が専門なものですから、見ていてたいへんに面白いのは、十八世紀末の、それではロマン派といった今の差がどこにあるのか。これはアイザイヤ・バーリンという歴史家がいます、オックスフォードに、イギリスの人です。バーリンがヨーロッパの全歴史を、ギリシャ以来、もっと昔のメソポタミア以来、現在までの歴史をどこかで切るとすれば、それは十八世紀の末だ、ということを言ってるんですね。それはルネッサンスでもないし、中世でもなくてですね。つまり二つに、大変大胆ですが、完全に最も大きな違いは十八世紀の末に出てくる。

その違いが何かと言うと、それ以前は「絶対的な真理がある」という信念があった、ヨーロッパの文明の中で。それが壊れてきた。その絶対的真理というのは、もちろんいろいろ違う。たとえばキリスト教とイスラム教と違う、ギリシャの場合と違うわけですが、中味は違うけれども、いずれにせよ絶対的真理は存在する、という考え方がある。しかも、その真理は誰かが知っていると。神様であれ、あるいは偉い人であれ、誰かが知ってるはずだ、という信念があって、その考え方が壊れてきたのが十八世紀末だと。これは私、啓蒙思想の影響だと思います。

大橋さんがおっしゃったように、十七・十八世紀からヨーロッパはヨーロッパ世界以外に目が向きますから、日本のことは、フランスで言えばデカルトもパスカルもほとんど、つまり十七世紀には全く触れなかったのが、十八世紀にはヴォルテールもモンテスキューもルソーも日本のことに触れるようになるという形で、もちろん日本だけではありませんが、いろんな新しい世界、ヨーロッパ以外の世界に目が向いてきた、というようなこともあるんだと思います。

それが美術の方で言うと、先ほどの絶対的な視点、「主体中心主義」が徐々に壊れていく、そこが自然が「復権」してくる理由だと思っております。つまり、たとえば遠近法みたいなものが、印象派のちょっと前ぐらいからでしょうか、徐々に壊れて、マネあたりから壊れてきて、それがやがてクレーにまでつながっていく。二十世紀につながっているわけです。遠近法なり明暗でもって、きちんとした空間を一つのまとまりを作るというのは西洋の一つの見事な達成なんですが、しかし考えて見れば、これはあくまで主体の理論で、つまり画家がこういう世界を作る。画面は平らなんですから、平らな所に奥行きを作るというのは本来無茶な話で、そこはいかにも奥にずっとあるように見せる、というのは無理やりに作ってるわけですね。無理やりに自然の中に人間の意志を押しつけようとしている。

それを日本人は不自然と考えているわけです。日本人は画面は平面が当然だと思ってますから、ああいうように並べていくわけです。そういう日本的なと言っていいか、それまでの西洋とは違った考え方が明確になってくるのが十八世紀で、その転換期に当たるのが十八世紀末から十九世紀にかけてということで、これは大橋先生のおっしゃったことと私もたいへん賛成なんです。それはお互いに相手を知るようになったということもありますし、世界が広がったということもある、というふうに感じます。

司会　松山先生、今のでいかがでしょうか。ペゲラー先生に対してはどのように。

松山　最後の結論部分に対するコメントという形でご議論いただけるとありがたいかと思いますが、そういう形でどうでしょうか。

司会　そうしますと、瞑想の内に支えを持つか持たないかという問題。そういうことで、大橋先生と高階先生から質問をいただいて、ペゲラー先生との間でもしも……。

大橋　ペゲラー先生のクレー解釈には異存ないんですが、あえて波を起こすという意味でお尋ねします。「ハイデガーがクレーの絵に禅的なものを見た、というのは誤解であった」と、これはそうだと思います。しかし、禅的なものを見たということが仮に錯覚だとして、錯覚自体はある必然性があったのではないか、というのが私の感想です。つまり、高階先生の言葉で言えば、絶対的な真理が壊れて、絵画で言えば抽象画、あるいは絵の外に意味を持たなくて全てが抽象化していく、そういったことと、絶対的なものがなくなっていったということ、そこにヨーロッパ人が根本的な不安なり問題なりを見て、そして東洋の禅に、幻想かもしれないけれど何かの期待を抱き、そしてクレーに何か禅的なものを見た。もしそういうことであれば、そこには単に誤解であったという以上の現代史的な意義があったと思うんですが、そこはペゲラー先生、どう思われるか。

司会　高階先生、お願いします。

高階　今のお応えを伺いたいと思うんですが、もう少し言えば、つまり西洋の持っていた価値観がそこで壊れた、支えがなくなったということは、拠り所がなくなったわけです。拠り所となっていたものがなくなったわけです。それをもたらしたものは第一次世界大戦、というお話がございました。明らかに一般の人々の信頼を得ていた自然科学なりテクニックの発達の成果が、あれだけ悲惨な世界をもたらした、ということがあったのではないか。つまり、それゆえに従来の支えとなっていたものがなくて、クレーの場合には孤独な中で自分の世界を探さなければいけなかった。それは禅の影響なり、ないしはつながりと言うよりも、禅というものが、つまり東洋的な考えが、本来そういうある拠り所となる絶対的なものを求めないで、特に禅の場合には自分でそれを探そうという非常に強い意志が禅の一つの背景としてあると思う。ですから、そういう背景の共通性が、両者の間の類似性をハイデガーに見させたのではないか。つまり直接的な影響ではなくて、何か背景に共通するものがあったのではなかろうかという気がしておりますので、ちょっとお考えを伺いたい。

ペゲラー　私としても、けっしてこの禅の芸術がクレーに影響を与えている、ということを言おうとしたのではない、まずその点を誤解のないようにお願いしたいと思います。結論から申しますと、私の講演において述べた以上に、じつは禅芸術とクレーの芸術の間の類似は成り立つだろうと、今は確信しています。ただし同時に、それにもかかわらず、差異をやはり自分としては強調したいのです。特にその点はクレーが現代、彼の生きていた状況に対して批判的あるいは風刺的な態度をとっていた、こういうヨーロッパ的な伝統というものがあり、これはどんなことがあっても見逃すことができないでしょう。

特にクレーに関して言うならば、バウハウスの時代と、それから一九三三年以降あるいは三〇年以降の時期とは区別すべきであって、確かにバウハウスの内にもその萌芽はあるけれども、一九三三年以降のこの状況におけるクレーというのが本格的なクレーではないでしょうか。

ハイデガーとの関係で言うならば、ハイデガーはこのクレーと東アジアの芸術とにちょうど同じ時期に出会ったために、両者を結びつけるといった議論を展開したのではないか。なお、特にハイデガーに関して私が注目しているのはフッサール、それからフッサール以降の現象学、フィンクの現象学がBildに注目しているのに対して、ハイデガーの議論が、Bildには注目しない議論をしている。という点です。

それから、そのBildの関係で言うならば、クレーにおいては「運動性」ということが特に重要になってきている。それから、もう一つ「視点の複数性」ということも重要になってきて、ここに私は注目したいのです。

高階　その点に関してもう一つ、ペゲラー先生にお聞きしたいんですが。そのタイトルとの関係ですね、つまり詩というべきか言葉と言うべきか、BildとWortの関係ですが、タイトルはクレーの場合に、その作品の後ろからつけられたがゆえに単なる符号であるのか、つまり絵を区別するための符号であるのか、それとも中味が何か意味がつながっているのかどうか。

それから、さらにクレーの場合には作品の中に文字ないし言葉を取り入れている作品がたくさんございますね。アルファベットの文字を大きく取り入れている作品もありますし、それから彼自身の作った詩と言うか、あるいはどこかから引っぱってきた言葉、文章を入れている。それをもちろん造形的に使っているわけですが、Bildとして、しかし同時に、そこにやはり意味があるのではないだろうかという、これはハイデガーを離れてですが、クレーの中の言葉とBildの関係をどうお考えか、ということをお聞きしたい。

ペゲラー　絵の中の文字には、クレーの場合、形態的意味を持つ場合と、単にタイトルを意味するだけの符号的側面しか持たない場合とがあるのではないか。ただ、私としては、クレーがタイトルを作品製作のあとに与えた、と常に言いうるとは思いません。むしろ、描く際にタイトルが同時的に作られていく、という場合があると考えます。

それからグラフィックとの関係で思いついたことを言えば、たとえば現代のツェランの例などがあって、これは奥さんのグラフィックと共作のようなものにもなるのではないか。いずれにせよ、タイトルと絵との間に共通の源泉というものを考えることができるのではないでしょうか。

司会　では、ちょっと時間がなくなってしまいましたので、上田先生、それから芦津先生、何かございましたら。

上田　三人のお話、たいへん熱中して聞かせていただきましたし、ディスカッションの始めのまとめで非常にはっきり問題点が出てきましたし、それから、ただいまのディスカッションでずいぶんいろんなことがはっきりしましたので、質問しなくてもいいようなものですが、あてられた生徒のような感じで、何か質問をさせていただきたいと思います。

一つは、ペゲラーさんの講演の中で、クレーに関してですね、訳の方で引用しますと、「見渡された全体への透視としての一点から見た遠近法はもはや可能ではありません」ということがありました。このことは視点の複数性とか移動とかということで、高階先生の対比の中で非常に説得的に私たちも理解していたことなのですが、しかしクレーに即してペゲラーさんがこのように言われたとすれば、それに対して高階先生がどうお考えになるか、ということです。この点だけ取ると同じことになりそうな感じになるものですから、もう少しそこを詳しくみる必要があるかもしれないと思います。

高階先生は、唯一の視点ということと、視点の複数性ということとを主観・客観のThemaで説明なさいました。主観・客観のテーマでの説明はその限りにおいて非常に分かりやすいわけですけれども、今のクレーとの関係からしますと、それだけでいいか、何かまだあるんじゃないか、「視点の複数性を可能ならしめるもの」がもう一つ立ち入って問題になりそうな感じがして、そのことをお聞きしたいと思いました。

それから、今のクレーと禅との関係なんですが、クレーに禅的なものを見たのは、お話の中ではハイデガーらしいということが分かりましたが、ハイデガーがはっきりそれを禅的なものとして言ったのかどうか――これは小さな問題ですが、ペゲラーさん御自身、禅芸術とクレーとの間に共通性あるいはアナロジー、そういうものをお認めになりお感じになった上で、しかし、はっきり違いを見たい、ということでした。その違いは、禅画の方は絵画の外にある支えを持っていると。「瞑想」と言われていますが、瞑想の実践の中に支えを持っている。それに対して、クレーの方は「支えのない冒険」、描くこと自体が支えのない冒険であると、また現実に対する厳しい批判であるというようなこともおっしゃったと思います。

その点ですが、高階先生もちょっと触れられたことですが、禅の場合も、「瞑想」と言ってしまうと何か穏やかなことのように聞こえますけれども、実際に、坐禅するときには、「現実の支えのなさ」ということが根本的な動機になっていると思います。ですから、私は共通だということを強調するのではなくて、確かに違いがあるに相違ないけれども、その違いは、もう少し違ったところに見出されなければならないのではないかと思うわけです。

それから大橋さんが雪舟の『山水長巻』と『十牛図』のことを言われて、そこにある種のつながりというかパラレルというかがある、とおっしゃって、確かにそう言えると思います。ただ大橋さんが、雪舟の方には『十牛図』にないこととして、四季というか自然の季節の時間の動きが入っている、ということを言われました。『十牛図』の方にはしかし本当にそれが欠けているのか。もしそれが欠けているとしても、雪舟の『山水長巻』にはなくて『十牛図』にあるものがあるのではないか。その点、これは東洋の範囲の中だけですけれども、西洋に面しての東洋の側の自己理解の事柄として、もう一つ何かあり得るのではないか、そういう感じです。

高階　おっしゃるように、主体・客体だけで割り切るのはあまりにも単純化過ぎると、その通りだと思いますし、いろいろ細かいニュアンスが必要かと思います。ただ基本的に一つの視点と複数視点という場合に、どちらを中心に置くかということをまず作業仮説としてきちんと分けておいた方が分かりやすい、ということが一つです。

それから、クレーの場合に一つの遠近法ではもはや成り立たない、というのは、主体・客体問題の他に、もう一つ、つまり私が申し上げた主体の問題というのは、クレーの言葉、あるいはペゲラーさんの言葉を使えば、Vorbildがあって、それを明確に作り上げる（Ins-Bild-bringen）ということをおっしゃいました、というときに使われるやり方なんですね。ある人間の目の視覚の世界をそのように描き出す。しかし、同時にクレーの場合はそれではなくて、客体論理と言うよりも「動きの論理」がありますよね。線が動くにつれていろいろなものが展開していく。そしてペゲラーさんはWerdenの論理をおっしゃいました。つまり出来上がったVorbildをどう再現するかではなくて、線の動きに従って出来上がっていく世界があると。それは私、非常に大事なことだと思うんですが、それは従来の主体・客体の論理だけではもちろん割り切れない部分で、東洋ないしは日本にも私はそれはあると思います。

むしろ日本はそちらの方が強くて、「生成の論理」と言いますか、動きの論理。これは、つまり絵画を、出来上がったものを写すのではなくて、一種のパーフォーミングアーツとしてとらえることなんですね。これは禅ともつながると思いますが、書道ともつながってくる。動きでもって何か新しい世界が生まれてくる。そういう視点をもう一つ入れなければいけない、ということはおっしゃるとおりだと思います。主体・客体はあまりにも図式的だ、というのはその通りで、クレーの場合に単に日本的に客体の論理ではない、今の「動きの論理」というものが、特に、線の表現に関して非常に重要だろう、というふうに考えております。

大橋　『十牛図』にあって『山水長巻』にないもの、あるいは逆に『山水長巻』にあって『十牛図』にないもの、というふうに両方から見る必要が確かにあると思います。とりあえず私の考えました点は、整理すると三つぐらいの観点からアプローチできるように思います。

一つは非常に一般的ですが、「自然」という言葉は、インドの仏典に出ては来ますが決定的な連関では出てこない。インド仏教には自然感情とか自然観とかいうのはほとんど仏典の中に反映してないんじゃないかと思います。これは和辻哲郎流に言えば、インドには四季がない、季節がないということだと思います。中国では沿海地方には非常に四季が豊かな所があると言われていますが、内陸には、そういう細かな自然観を養うような風土はないと聞きます。日本は非常に自然感情の微妙な国です。そうしますと『廓庵の十牛図』は中国的な感覚を下敷にして描かれていた。雪舟の『山水長巻』は日本の四季の感覚をベースにもっている。中国と日本との違いというのが第一点にあるんじゃないかと思います。

第二点は、芸術と宗教との在り方の問題ではないかと思います。雪舟の場合は画僧として、絵を描くことの内に自分の禅を完成するという意識が非常に強かったと思うんですね。作品に「日本禅僧、雪舟、等楊」と署名したり、それから『山水長巻』でも「景徳山第一座の僧、雪舟」と記して、禅僧であるということを強調しながら絵を描いている。そうすると、芸術的な表現としてあらわれた『山水長巻』と、それから、徹底して禅の修行の道を表現する『十牛図』との違いがある。しかし、その切れの鋭さという点は『十牛図』にあって、雪舟の『山水長巻』にはない、と言えるかどうかですね、私はたとえば「橋を渡る」というふうな所に一つの意味を見たわけですけれど、うっすらと切れの鋭さは出ている。うっすらと出ているということをどう見るかなんですが、禅の道の指示としては弱くなっている。しかし、そこを雪舟の側からすれば、画業の内に禅を実現するという立場から見れば、おそらく、『十牛図』で言えば第十図、山から出て来て、牛も自分も忘れて市場で人々と交わる所から、改めて全体を描いていったとも言える。プロセスの最初と終わりとは同じだというところが、『十牛図』にはっきり示されていると思うわけです。雪舟がもしそういう所から改めて全体のプロセスを描いたとすれば、全体が一つの遊行《ゆぎょう》と言いますか、「遊び」に化するとも言えます。それを芸術化したとすれば、『山水長巻』のような表現になっていくかなと思います。

ペゲラー　そのように考えてみたいと思います。

だから、どっちに何かが欠けているとか、優劣とかというふうには言えなくて、おそらく芸術と宗教との在り方がそもそも問題化する二つの場面だというふうな気がいたします。

司会　時間がきてしまいました。本当に司会が下手で、本当でしたら自由にお話を伺うべきだったのですが。最後にお一人、自然に関しても、また主体・客体、主語・述語の問題に関しても、また音楽的なものに関してもいろいろとお書きいただいている木村敏先生からコメントをひと言いただければありがたいと思います。

木村 たいへん感銘深くいろいろ勉強させていただきました。無責任な感想だけをひと言だけ申し上げますと、こういう東西の対比ということでシンポジウムをやりますと、当然のことなんでしょうが、東洋と西洋の違い、ということが非常に強調される。しかし、自然というものに対する感情は、我々人間どこか共有している所があるんじゃないか。

たとえば高階先生が、最初、「実体の美と状況の美」ということをお話になりました。もちろんその通りだと思うんですけれども、しかし、「状況の美」というのは果たして日本人の専売特許なんだろうか、向こうの人に分からないものなんだろうか、ということがあるわけですね。

あるいは、ちょっと角度を変えてみますと、クレーは日本人が非常に好きな絵かきの一人ですね。別に禅と何の関係もない日本人でも、クレーの嫌いな日本人はまずなかろうと思います。それから、これは上田さんもよくご存じなんだけれども、私、スイスに膨大な日本の絵のコレクションを持っている人を知っておりまして、その中に雪舟の絵がいくつか掛かっているんですが、そこを訪れた西洋人は、非常に雪舟が好きなんです。それも日本に対する予備知識もないような人が雪舟を非常に好きだという。やっぱり、いいものは全然予備知識がなくても分かるし、それで感じているものは、何を感じているかと言うと、やはり日本人が雪舟から感じているもの、あるいは西洋人がクレーから感じているようなもの、それと非常に似たようなものを感じているんじゃないだろうか。その共通点のようなものも浮き彫りにしたいな、という気がいたしました。

司会 残念ながら時間が過ぎてしまいまいて、本来でしたら会場の方々からご自由にご意見をいただきたいと。多くの方が多分発言したいと思われていて、今か今かと待っていらしたかと思います。司会の不手際をお詫び申し上げます。

今日の議論、最後の話で、東西の比較というので、差異だけでなくて、あるいは、この共通性をみることができるのではないか、ということは、つまり次回のこういったシンポジウムへの一つの提題かと思われますので、またこういう機会が持てますことを期待いたしたいと思います。

今日は三人の先生方、お忙しいところ貴重なご発言をいただきまして、ありがとうございました。お礼を申し上げたいと思います。

第四部　自然科学の視点から

第九章　自然科学と哲学——歴史的展開・現在の状況・将来の挑戦

D・フォン・エンゲルハルト

概観

一三三六年四月二十六日に、ヨーロッパ近代において文学に最初に記された登山が行われた。詩人にしてウマニスタであったペトラルカが、プロヴァンスのヴァントゥー山にその日に登ったのである。この山の頂上に立ってローヌ川の谷、地中海、アルプスを眺めると、このルネサンスの偉大な詩人ペトラルカはラテン教父アウグスティヌスの次のような忠告の言葉を思い出す。「人々は外に出て、山の高い頂、海の巨大な波浪、河川の広大な流れ、広漠たる海原、星辰の運行などに賛嘆し、自己自身のことはなおざりにしている（et relinquunt se ipsos）」〔『告白』第十巻第八章〕。ペトラルカは自分の熱狂を恥じて、外的自然を眺めることをやめ、人間の瞑想の深み《ティーフェ》へ（altitudo contemplationis humanae）と自分の注意を向ける。

ヨーロッパ近代がまさに始まったこの場面において、すでに自然科学と精神科学の分離〔ペトラルカに即すれば、外的自然の考察と内的自己の瞑想との対立〕が現れている。この分離は二十世紀末をも特徴づけており、また、自然科学と哲学との関係は過去においても、現在においても、この分離によって基礎づけられており、将来においてもそうであろう。また、多くの人々が今日非難している諸学問の分断、学問と公共性の乖離、さらに一般的にいえば、人間と自然との対立的関係、これらの問題もまた、この〔自然科学と精神科学との〕分離に対応しているのである。

よく知られているように、この分離に関して、「二つの文化」ということが話題となったことがある（C・P・スノー『二つの文化と科学革命』〔1959〕）。だが、より適切には、今日では四つの文化（すなわち自然科学の文化・精神科学の文化・芸術の文化・行為の文化）が相互に無関係かつ無媒介的に並存している、といった方がよい。

自然科学と哲学の関係は多次元的であって、単なる理論的問題としてではなく、むしろそれが及ぼす実践的影響に即して判定されるべきである。振り返るならば、この自然科学と哲学との関係は歴史的に見てさまざまの変化に富んだ展開を経てきた。現在において〔両者の間の〕関係は複雑である。将来に向けてもさまざまな挑戦がなされるであろう。

歴史的展望の諸段階

ルネサンスにおいては諸学問を包括するような連関が存在していたが、それはそれに対応する教育体系に支えられている。すなわち自然科学的三科と精神科学的四科が、医学、法学、神学の研究のための一般的前提であった。ルネサンスの自然探求者、医者は哲学の講義を行い、詩人としても活躍し、自然科学、医学という自分の専門領域の歴史のみならず、一般的歴史にも精通していた。

だがこの時代には同時に、諸学芸〔学問・技術〕の間の争い（disputa delle arti）も存在していた。自然科学は、哲学からも医学からも分かれることによって、誕生したのである。自然は、人間にとっての有用性のためにではなく、ただそれ自体のゆえに探求されねばならない、というのである。

ベイコン、ホッブズ、デカルト、マールブランシュ、スピノザ、ロック、ライル、ヒューム、ライプニッツ、ヴォルフ、カント、シェリング、コント、ミルは、疑いもなく、近代における自然科学および医学の展開に大きな影響を与えた。だが、哲学的立場や体系はそれ自体また、近代の科学の展開の反映でもある。ベイコンは、哲学的な観点からはしばしばそのように指摘されるのだが、近代の科学の展開の中心的原因である、などとみなすことはできない。

ルネサンスは古代への関連を有する。ここで古代というのはプラトンであり、また留保つきながらアリストテレスでもある。だが、こうした古代への関連によって、ルネサンスは同時に、占星術、錬金術、新プラトン主義などの流れを受け入れることとなった。ルネサンスの始まり（それは進展であると同時に〔古代への〕回帰でもあったのだが）の典型的な例は、パラケルスス（1493–1541）である。パラケルススにとって、哲学とは「錬金術」「占星術」「自然学」と並んで医学の中心的根である。つまり、医学は「哲学の父」になる、というのである。パラケルススのいう哲学とはスコラの哲学ではない。スコラの哲学には経験が欠けていることを彼は非難する。だが、経験といってもパラケルススにとっては、現象と因果関係の記述以上のものである。一体どの程度、また、いかなる仕方で過去の新プラトン主義、グノーシス主義、宗教的影響が彼の医学理論、彼の自然概念、大宇宙と小宇宙の並行性の理論に影響を与えたのかは、いまだ論争されているところである。

パラケルススは後の時代の多くの医学者に影響を与えた。最も有名な後継者の一人は、J・B・ヴァン・ヘルモント（1577-1654）である。さらに、薬学や化学においても、パラケルススの影響を認めることができる。だが、同時に、それとは全く異なる方向も広まっていた。十七世紀には、数学と物理学、原子論と機械論の展開と相俟って、医療物理学（Iatrophysik）ないし医療数学（Iatromathematik）が成立した。有機体は「機械」とみなされ、健康と病気はこうした機械的世界観、数学的・物理的諸原理（延長、形態、運動）に即して捉えられた。こうした医学の方向を担いあるいは推し進めたのは、デカルト哲学（1596-1650）である。だが、デカルトの粒子論的哲学を拒否した当時の医者は数多い。こうした拒否には、哲学的、あるいは直接的には医学的な根拠もあったであろうが、より重要であったのは宗教的動機であった。

ライプニッツ（1646-1716）は当時の自然科学（例えば医学）によって影響されるとともに、それに影響を与えもした。彼は若いときから医学の書物を研究しており、単に哲学的省察においてのみならず、有機体、心身関係、健康と病気についても発言し、実際に医学の具体的問題にも、さらにはその研究にも従事した。彼は医者Fr・ホフマン（1660-1742）およびG・E・シュタール（1660-1734）とも激しい論争を行った。ライプニッツのシュタール批判はシュタールからの再批判を招き、シュタールはアニミズム的医学の立場からライプニッツの批判を斥けた。シュタールによれば、魂と身体との相互依存性は経験的に観察できるのであるから、〔ライプニッツの〕予定調和説は誤っているのである。十八世紀を通して、ライプニッツが医学に影響を与えたことは、当時の自然科学および医学の書物から明らかである。人々は彼の哲学のさまざまの点に注目した。哲学者Chr・ヴォルフは、その書物を通して、ライプニッツの影響力に寄与した。しかし、ライプニッツへの共感、ライプニッツ受容は直ちに止んでしまう。

ベイコン（1561−1626）からホッブズ（1588−1679）、ガッサンディ（1592−1655）、ロック（1632−1704）、ヒューム（1711−1776）、コンディヤック（1715−1780）にいたるまで、経験的・感覚論的な基礎づけを有する自然科学・医学が支配した。多くの自然探求者、医者にとって、ベイコンの経験論、ベイコンの探求の規則の方が、形而上学的基礎づけや分析よりもはるかに生産的と思われた。ベイコンは観察と実験、解剖と生体解剖の重要性に人々の目を向けた。W・ハーヴィ（1578−1657）、H・ブールハーフェ（1668−1738）、A・フォン・ハラー（1708−1777）によって、医学の方法論的な書物が公刊された。医者J・G・ツィンマーマン（1728−1795）は、『孤独について』（1784/85）で有名であるが、彼は『医学の経験について』（1763/64）を著した。ロックは自らも医者であり、医学的論文を著したが、彼に従えば、古代から伝わる〔多血質・胆汁質・粘液質・憂鬱質という〕四気質説に基づいて、あるいは塩・水銀・硫黄という三原理（パラケルスス）に基づいて医学を構築する試みは無意味である。医学を感覚論的に基礎づけた書物を著したのはM・A・ヴァイカルトである（1775）。その書物では、医学、健康と病気、治療法にとって本質的な物理的・精神的諸条件が論じられている。フランスの医学者P・ピネル（1745−1826）の『哲学的疾病論』（1798）は感覚主義的書物であり、彼は学問においても分析的方法が重要であることを強調する。医者にして哲学者のカバニ（1757−1803）は、デステュット・ド・トラシ（1754−1836）とともに感覚論の哲学的展開の主たる推進者である。こうした展開は「観念学」として知られており、多くの研究者によって医学の理論的基礎として認められた。

　同時に十八世紀を通して、自然科学は哲学から分かれ、個々の学科に分かれる、という近代特有の傾向を特に示すこととなった。自然科学上の、医学上のアカデミーが作られ、最初の専門雑誌も発刊された。個々の細目、統計、経験的実験に進歩が見られ、この学問がどのような大きな文脈の内に位置するのかとか、この学問が歴史的、理論的にいかなる基礎を有しているのか、といったことは、自然科学者、医学者にとって関心を引くものではなくなっていった。

一八〇〇年頃のロマン主義・〔ドイツ〕観念論は再び自然学と精神科学の間に、自然科学と哲学の間に内的連関が存在すると主張する。それに対応するのは、当時の教養〔教育〕（Bildung）の概念である。神学者のFr・シュライエルマッハー（1768-1834）は〔「人間の使命は、世界を自己の内に取り入れつつも、自己を世界の内に表現することである」と考え、「教育を介してこそ、人間は世界によって形態化される限りで世界を形態化する」と述べて〕、教養〔教育〕の目的は、「世界形成的な自己表現」にある、と論じ、（1813/14）。それに対応して、大学の改革の提案が、シェリング、フィヒテ、シュライエルマッハー、W・フンボルト、シュテッフェンスらによってなされた。ベルリン大学は、研究と教育、自由と孤独、理論と実践は統一する、という精神のもとに一八〇八／〇九年に創立されたものである。大学は中世以来「教えるものと学ぶものとの統一（universitas magistrorum et discipulorum）」〔universitasという語はunus（一なるもの）にversus（向かう）という意味をもつ〕という意味を担ってきたが、それがここで「あらゆる学問の統一としての大学（universitas litterarum）」〔litteraeというラテン語は、単に文学を意味するのみならず、自由七科に代表される諸学問を意味した〕という意味に変化したのである。

自然科学と哲学の結合は、この魅力的な時代を超えて、さらに存続した。物理学〔自然学〕（Physik）と形而上学〔自然学の後に来る学問〕（Metaphysik）は統一し、あらゆる自然科学は関連をもって、文化の世界、人間の生に関係づけられる、というのである。今日にまで続く「ドイツの自然科学者・医学者協会」の創立者であるL・オーケンは、あらゆる学問の統一を深く確信していた。「もしも何か確実なものが存在するとすれば、ただ一つの確実なものが存在しうるのである。それゆえに、学問とはただ一つの学問でのみありうる」（1809）。こうした考えが心身問題や医学の構想に対していかなる帰結を持っているかは、一見して明らかである。生と死、健康と病気は、単なる身体的現象ではなく、同時に魂・社会・精神にかかわる現象として理解された。

この時代の自然研究者は哲学的問題について基礎的知識を持っていたし、哲学者もまた自然科学の状況、自然科学上の概念・理論・方法・経験的認識に親しんでいた。つまり、哲学者は自然を観察し実験し、自然探求者は哲学していたのである。哲学と自然科学とが補完しあって、自然に関する一つの学問となった。自然科学の三次元としての観察と実験、因果的説明、法則・理論形成は、自然哲学の次元としての自然の超越論的基礎づけ〔カント〕ないし形而上学的基礎づけ〔シェリング、ヘーゲル〕と結びついていた。自然についての一つの理論を形成していた自然科学と自然哲学に対立していたのは、自然に対する実践的かかわり、とりわけ技術であった。

カントの超越論的な自然哲学からシェリング・ヘーゲルの形而上学的自然哲学は区別されなくてはならないが、後者もまたロマン主義的自然探究者、ロマン主義的医学者の立場から異なっている。シェリングとヘーゲルもまた〔同じく形而上学的であるとはいえ〕、その自然哲学においても、自然哲学の端緒およびその展開においても、相互に意見を異にした。両者の差異は主として、ヘーゲルの論理学の内に、あるいは彼が了解するところの絶対的理念の内に、そしてこの絶対的理念が実在性・実在的諸学問との間に有する関係の内に基礎づけられている。

一八〇〇年頃の自然研究と医学は、とりわけカントとシェリングの影響を受けた。だが、他の哲学的、神学的流れもまた同様に自然研究と医学に影響を与えている〔ベーメ、パラケルスス、スピノザ、ライプニッツ〕。この時代の多くの自然研究者・医学者は〔ドイツ〕観念論的哲学からは距離を置いていた。ヘーゲルが自然研究・医学に与えた影響はわずかであるように見える、とはいえ、こうした影響も無視できない〔なるほど、今日までこの点についての歴史的研究はほとんどなされてこなかったが)。例えば、物理学者G・Fr・ポール〔1788-1849〕、生理学者J・ミュラー〔1801-1858〕、J・E・ブルキニェ〔1787-1859〕などに、その影響を見ることができる。

ゲーテの自然把握は、それがとりわけ美学・哲学・学問・伝記〔人生の記述〕とかかわる、という点で、特殊な性格を有している。彼の『形態論ノート』〔1817〕にはこの意味においてきわめて注目すべき副題が付けられている。「経験、観察、帰結――人生の出来事と関連して」。ヘーゲルはゲーテの立場を、自分の自然哲学の「概念的認識」と区別して、「感覚的に意味を把捉する自然考察」と呼んだ。ヘーゲルによれば、ゲーテの「源現象」は、「その単純さのゆえに精神的・概念的であり、その可感性のゆえに可視的ないし可触的であるという二重光源」にいたり、それゆえにそれはある特殊な仕方で経験から哲学への移行を特徴づけている。

A・フンボルトはこの時代において、自然科学、自然哲学、芸術の関連から見て、特別な位置を占める。形而上学的基礎づけもロマン主義的自然求究も、この重要なる自然研究者にして学問の組織者〔フンボルト〕によって拒否される。彼の『コスモス』〔1845〕の目標は、「自然の合理的学問」でもなければ、自然諸科学の百科全書でもない、それは「自然の全体についての経験的眺めを、学問的な形態において自然の絵画として描くこと」なのである。

A・ショーペンハウアーの自然哲学は当時の自然研究者にも医学者にもほとんど影響を与えなかったが、彼はヘーゲルの自然哲学を「汎論理主義」として断罪し、他方で当時の自然科学を「唯物論」として非難した。彼はまた、シェリングの自然哲学においては物理学と形而上学が混同ないし同一化されている、と批判した。ロマン主義的自然探求に関しては、ショーペンハウアーは、それが「類似を求める」あまりしばしば「単なる機知に堕している」ことに不満をもらすとともに、他方でそれが「自然の原型」を求めている点を承認する。「シェリング学派の自然哲学の悪ふざけ」（ショーペンハウアーはここでロマン主義の自然研究者〔のもたらした〈機知〉の所産にしか見えない自然理論〕を念頭に置いている）は、多くの自然研究者に対してあらゆる理論・体系への嫌悪感を植えつけたために、自然研究者は「物理学の進歩が、なんら頭を使わずに、手だけで期待できるのであり、実験さえすれば、何も思考しなくてもよい」と考えるほどになったのである〔ロマン主義の思弁の行き過ぎのために、思弁一般が自然科学者によって拒否されるようになった〕。

「ロマン主義的自然探求」という表現は一八〇〇年頃には見出されない。それは、「ロマン主義・〔ドイツ〕観念論の時代の自然探求」、ないし詩人・自然探求者・医学哲学者のノヴァーリスの言葉に従うならば「形而上学的物理学」と呼ぶ方が適切である。他の国には、それに対応するものが全く、あるいはほとんど見られない。こうした運動を支持した人の中で重要な人の名前を挙げておこう。エッシェンマイアー、リッター、トロクスラー、ケルナー、トレヴィラーヌス、ゲレス、シューベルト、シュテッフェンス、オーケン、ヴィンディシュマン、キーザー、エルステート、カールス。こうした流れが興隆していたのは、ドイツにおいても短期間であった。つまり、一七九七年から一九世紀の三〇年代頃までである。初期の支持者は十八世紀の六〇、七〇年代に生まれ、後期の支持者は一八六〇年以降に亡くなった。

ロマン主義的自然研究者はシェリングとの、とりわけヘーゲルとの差異を強調した。トロクスラーによれば、自然と精神の根底に存する絶対者は、「知的直観」によっても「理性信仰」によっても〔それ自体としては〕捉えることができない。絶対者を指し示す言葉はどれも絶対者の単なる「記号」にすぎないからである。同様に、リッターによれば、人間の認識には踏み越えることのできない限界がある。「アプリオリな最高の演繹とは謬見であり、人間はそうしたものをおのがものにすることがない」。Fr・シュレーゲルがロマン主義者のこうした態度を短く公式化している。「完全なる一致は永遠に到達不能である」。

だが、ロマン主義的自然探求者は、人間知性が限界を有する、ということに満足したわけではない。自然を捉えるためには、信仰・感情・夢などの手段がある、というのである。感情は熱狂ないし霊感として（知性に代わるものとしてではなく、むしろ知性を補完するものとして）理解された。ロマン主義的自然研究者は、決して一面的に非合理性を賛美したのではない。ロマン主義者によれば、宗教と自然研究は一体化し、神は自然の内に人間に対して現象するのである。ただしこの顕現の段階についてはさまざまの見解があるのであるが。

それに対し、シェリングとヘーゲルの方でも、自分たちがロマン主義的自然研究者とは異なるということを強調し、自分たちの哲学は経験的自然科学と一致する、と論じる。シェリングは自分の自然哲学が自然研究者・医学者によってあまりにもひどい仕方で受容されているのを見て、一八〇七年に自然哲学に関する論考を公にすることをやめた。「私は、自然哲学の理念が誤用されているのを見て以来、こうした誤用の心配をしなくてもすむときが来るまでは、その全体をただ口頭で伝えるにとどめることを決心した」ヘーゲルもまた、ロマン主義的自然研究を根本的な仕方で批判する。その欠陥は、「理念、概念と客体性の一致、理念が具体的であるということ」を捉え損なった、という点に由来する。

経験に依拠せずに自然を構成するという考えは、シェリングによれば、全く馬鹿げている、つまり自然哲学は経験から出発する、だが、同時に経験に先立って秩序づけるのであるが。「われわれはただ経験を通して、経験を介してのみ、あれこれの個物を知るのみならず、そもそも何ものかを知るのである。

その限りで、われわれの知全体は経験的命題から生じる。これらの命題がアプリオリな命題となるのは、これらの命題が必然的なものであると意識されることによってである」。これに対応して、ヘーゲルもまた『自然哲学』の冒頭で次のように語る。「哲学は自然経験と単に一致しなくてはならないだけではない、哲学的学問の成立と形成にとって、その前提にして条件となるのは、経験的物理学なのである」。だが同時に、自然哲学の自立性も強調される。「自然哲学とは概念把握による考察であるので、〔なるほど物理学と同様に〕普遍者〔をその対象とするが、しかし、物理学とは異なって、普遍者〕をそれ自体として対象にする、つまり、概念の自己規定に即して、普遍者をそれに固有な内的必然性の内に捉える」〔§247〕。ショーペンハウアーにとっても、内在的形而上学こそ自然哲学の目標である。「私の哲学は、概念の全領域において、経験、すなわち知覚可能なものの領域を決して踏み越えはしない」。

ロマン主義的自然研究と思弁的自然哲学の間にはなるほど上述の差異があるとはいえ、両者はともに、自然と精神の同一性、自然の統一性と自然諸科学の統一性、生の意義、諸々の種の実在的変容としてのではなく理念的系統〔進化〕としての自然の展開、自然と文化の結合、自然とのかかわりにおける自然研究者の責任、これらの点を基本的に重視していた。

自然と文化は共通の運命によって結ばれている。自然は人間へと差し向けられ、人間もまた自然に差し向けられている。自然哲学者・画家・医者のC・G・カールス〔1789-1869〕の確信とは次のようなものであるが、それはその妥当性を今日においても失うことがない。「人間はその生と活動のために大地を必要としているばかりではない、大地もまた人間を必要としているのである」。ノヴァーリスもまた「大地の形成」について語っている。人間は自然にかかわるとき、自己自身にもまたかかわるのである。自然に対する責任とは、自己に対する責任でもある。

ロマン主義の自然研究者、〔ドイツ〕観念論的自然哲学者の掲げた理念と要求は、なるほど十九、二十世紀を通してさらに展開し共鳴するところとはなかったが、決して満たされはしなかった。自然科学と医学では、一九世紀を通して経験的・実証的方法が有力となった。自然の形而上学的考察は事実上（むろん議論の結果ではないのだが）放棄された。自然科学の進歩は、もはや形而上学とは何のかかわりもないように思われた。

だが、十九世紀の自然科学者が形而上学的自然解釈を攻撃したことに対応して、実は当時の哲学の方も自然から離れ、むしろ、認識論、人間学、哲学史へと向かっていたのである。さらに、自然科学の展開と自然科学史も十九世紀以来相互に分断した。こうした展開とともに、差異化、分断化がさらに進んだ。それは今日をも特徴づけており、多くの人々がそれを嘆き非難しているものである。

十九世紀における自然科学の側からの自然哲学批判は、自然哲学の内部のさまざまの相違（例えば、自然哲学・科学論・研究論理の相違）をほとんど認識せずに、ヘーゲル、シェリング、ゲーテ、ショーペンハウアー、ロマン主義的自然研究者、さらにはカントをも同一視し、すべてを断罪する〔という単純化を免れていない〕。

一八〇〇年頃の数十年間に見られる自然科学と哲学との多様な関係は、十九世紀にはもはやそのままの仕方では継承されなかった。一般的にいえば、この「自然科学」の時代、ないし、自然科学と医学の哲学としての「実証主義」の世紀にあっては、ただ科学論的、科学方法論的方向のみが存続した。だが、その意義もきわめて矮小化された。自然学・医学の進歩は、もはや哲学・科学論・形式論理学には依拠しない、というのである。自然科学と医学の基本概念、研究の方法は、この〔唯一残存した〕方法論的・物理的書物において探求された。こうした方向は二十世紀にまで続いた。例えば、機械論と生気論、原因と条件ないし原因性と条件性、説明と了解、これらに関する議論がそうである。

哲学者は十九世紀においてもなお自然科学や医学に対して発言した。だが、ショーペンハウアー、キルケゴール、ニーチェが同時代、ないし後代の自然研究者・医学者に与えた影響は、一八〇〇年頃に哲学者が同時代の自然研究者・医学者に与えた影響とは比べるべくもない。ようやく二十世紀になって、恐らくは二十世紀の最後の三分の一を迎える段階になって、かの哲学者たちの思考に立ち戻ろうとする機運が生じた。さらに、フッサールの現象学、実存哲学、ハイデガー、ヤスパース、マルセル、メルロ＝ポンティ、サルトルの実存主義の影響もここに加わる。

「ドイツの自然科学者・医学者協会」においてなされた自然哲学的、あるいは学問論的講演は、十九世紀における哲学と自然科学の関係の展開と状況を典型的に示している。唯物論、新カント主義、実在論、実証主義が、主たる方向を示す標語である。自然科学と哲学の関係、自然科学的認識の概念、経験的探求の方法、これらは十九世紀の後半に何度もさまざまの仕方で繰り返されて論じられた。十九世紀の中葉を特徴づけるのは〔ドイツ〕観念論的、ロマン主義的哲学の解消、エネルギー保存の法則の発見、進化論である。それに対し、二十世紀冒頭では、量子論、相対性理論、現象学および実存哲学による哲学の刷新が特徴的である。

E・ヘッケル（1834-1919）は、ゲーテやオーケンらの伝統の線上にあった。それに対し、W・オストヴァルト（1853-1932）は、「古典主義者」や「ロマン主義者」の内に、自然科学者と根本的に対立する極を見た。二十世紀の精神分析、人間学的医学、哲学的影響を有する精神病学の内には、ロマン主義の影響を認めることができる。最近のエコロジー運動は、その精神知的根を一八〇〇年頃のロマン主義および〔ドイツ〕観念論的自然哲学の内に有している。

一般的にいえば、十九世紀の中葉には、自然研究者・医学者協会への参加者は、ますます自然哲学的次元に介入することをやめる。それとともに、力動的質料観と原子論的質料観とのいずれを選ぶべきかは、哲学から見れば解決不能であり、あるいは唯物論から見れば〔後者に〕決定されている、ということになった。機械論に対して有機体的ないしエネルギー的原理を対置しようとする試みが自然科学の内部に見られたが、それは、不可知論的に決定不能性を説く立場ないし唯物論的な立場と同様に、過去の自然哲学と経験的探求とが分断したことの現れである。

高名な生理学者E・デモ・ボワ＝レイモン（1818-1896）は、哲学と自然科学とを区別し、経験的探究においては機械論の立場に立ち、科学の最高の課題を、「自然の過程を原子の機械論へ解消すること」として規定した。だが、彼は同時に、二重の意味で「われわれは知らない」という不可知論を立てることによって、自然認識が原理的に限界づけられていることを論じた。〔二重の意味において限界づけられているとは、次の意味においてである、すなわち〕「われわれの自然認識は、二つの限界（すなわち一方では、質料や力を把握することができないという限界、他方では、精神的過程を質料的制約に即して〔機械論的に〕把握することができないという限界）の間に制限されている」（1872）。

因果性と目的論の関係については、一九〇〇年頃に哲学においても自然科学・医学においても激しく論争が戦わされた。同様に、相対性理論は哲学の内にも大きな影響を与えた。この影響は芸術にまで及んでいる。例えば、抽象絵画の内には、現代物理学と等価なものが認められる。

現在の状況——将来への挑戦

専門化（それは研究、教育、さらには会議にまで及んでいるのだが）こそ十九世紀、さらには二十世紀をも特徴づけた。この傾向は二十世紀の最初の数十年においても途絶えることがなく、哲学と自然科学の関係は、このことの影響を被らずにはいなかった。

自然科学と精神科学との分離はさらに広まった。精神科学者は自然から、自然科学者は文化から目をそむけた。こうした一般的傾向を証するのは、反対例である。この分離はしばしば個人的性向にまで及んだ。十九世紀の例であるが、C・ダーウィンは、若いときにはあらゆる芸術に関心を持っていたにもかかわらず、時がたつにつれてこうした関心を失ったことを、自ら驚きつつ述懐している。「私はもうすでに長いこと、一行といえども詩を読むことに堪えられない。しばらく前に、シェイクスピアを読もうと努力したのだが、私にはそれは全く堪えられない代物であって、私は気分が悪くなった。私はまた、絵画や音楽に対する愛好心をほとんど失ってしまった」。

最近の自然科学上の知見を一般の人々に知らせることの困難さは、この数十年来、減少するどころか、かえって大きくなっている。自然科学の知識はあまりに高次の抽象化、多面化、専門分化に見舞われたために、単にそれを一般向けにすることだけではなく、それを哲学と対決させることも、きわめて困難なこととなった。

しかし、二十世紀を通して、自然科学・医学の側からも、哲学の側からも、自然科学と精神科学、ないし自然科学と哲学を結合しようという試みが、何度も繰り返してなされた。こうした試みには、疑いもなく、かなりの参加があったのだが、しかし、それが自然科学に与えた影響は、雑誌寄稿や論文という形においては、わずかなものにとどまった。

プランク、ボルン、アインシュタイン、ハイゼンベルク、ポルトマン、ヴァイツゼッカー、ヤスパース、テヤール・ド・シャルダン、コンラート・ローレンツは、すぐれた寄与（それは今日なお刺激的でさえあるのだが）を行った人々である。しかし、これらの人々はほとんどが自然科学畑の人であり、精神科学ないし哲学畑の人でこれらの人々に匹敵できる人はほとんどいない。

自然研究者が政治的出来事や学問研究に対して行ったマニフェストは、よく知られ有名である。例えば、一九五五年の「ノーベル賞受賞者の宣言」や一九五七年の「十八人の原子物理学者の宣言」などである。だが、こうした表明を、十七、十八、十九世紀の自然研究の状況や自己表明と比べるならば、今世紀においては一般的反省が減退し、具体的研究から一般的反省が排除されている、ということは明らかであり、疑うことができない。研究課題が内在的なものになるにつれて、それを導く指導的視点について解明する余地がなくなるように思われる。科学史家は、もしも二十世紀をそれ以前の世紀と比べるならば、こうした転回に気づくはずである。果たして、この点で変化が生じるであろうか、外部からこうした変化が引き起こされるか、はきわめて疑わしい。なおここで、現在医学を勉強するときは必ず倫理学を勉強しなければならない、ということに注意を喚起したい。

自然哲学の領域での寄与も欠けているわけではない。自然哲学ないし科学論のために多くの叢書や雑誌が発行されている。同様のことは、医学にも妥当する。医学において主として論じられているのは、自然科学的・医学的研究実践ないし治療的現実との関連のみである。例外となるのは倫理、ことに医学における倫理である。それは、この数十年間において主導権を握り、医学の日常にも、また医学の教育にも影響力を行使している。

ポッパー、クーン、ヨナスらは、なるほど哲学者であるが、単に哲学においてのみならず、自然科学や医学においても重視されてきた。

科学論は今までただ物理学へとのみ方向づけられていたが、今日ではこうした一面性がますます認識され批判されている。地球や生命にかかわる科学も、それに固有の概念、方法、理論を有しており、それらはそれに対応する〔科学論的〕研究において探求され叙述された（E. Mary : Toward a new philosophy of biology, 1988 ; E. V. Engelhart und J. Zimmerman : Theorie der Geowissenschaft, 1982）。医学でもそれに対応する研究は数多くなされている。

自然科学は、決して反証・検証というモデルによってのみ進歩したのではない。パラダイムもなるほど一定の役割を果たしているが、同時に、知識の蓄積も疑いえない。同様に、自然科学とその研究の倫理的側面もますます認められるにいたっている。

専門化は必然的である。科学の過程は本来専門化を通してこそ遂行されたのである。だが、〔専門分化したものを〕綜合することも同様に必要であり、それはそれ自体本質的な進歩を約束する。普遍的なものに対する専門家としての哲学者が必要なのではない、哲学者の指導性や叙述は吟味・検討されなくてはならないであろう。個々の科学において、現存する理論的・実践的問いを解決するために、他の専門との関連が重要になる。だが他面、多くの中心的問題や本質的危機は、ただ専門家のみが理解し解決しうる。医学のめざましい進歩は、もしも理論と実践との分断がなければ不可能であったことだろう。自然科学の進歩は、常に進展する細分化と方法上の進展によってのみ可能である。なお、専門化は精神科学をも支配する特徴である。だが、現代の生の問題を解決するには、異なった学問の相互作用がますます不可避となっている。専門間の、あるいは専門を超えた関係が要請される。全体性への呼び声によって、われわれの眼差しは、自然、個人、社会、文化の連関へと向けられる。人間を扱う医学は自然科学と精神科学とを結合する。なぜなら、それは行動を含む学問であるために、そこでは理論と実践との連関が中心的な役割を果たすからである。

　科学史も、哲学と自然科学の関連をより緊密なものとすることに寄与しうる。科学史は、単に諸科学の専門化と経験とを証すのみではない。むしろ、科学史によって、精神科学と自然科学との相互作用が想起されたり、あるいは自然と文化を結合する医学の構想が生まれたりしうる。科学史という媒体を通して、専門化と普遍性、細部と統一、自立と依存性の多様性が概念的に浮かび上がり明瞭になるであろう。

　過去とかかわることから、ますます重要な刺激が与えられよう。ロマン主義、〔ドイツ〕観念論の理念と要求は、その現代性を少しも失ってはいない。自然の保護、自然と文化の結合、有機的生命の危機、学問・芸術・生の統一性、過去・現在・未来の調停、これらは一八〇〇年頃の人々の思考をも、現代の思考をも動かしている。A・アインシュタインは、単に物理学の革命を成し遂げたばかりでなく、自然認識の「現実的」了解を、また、自然研究者の政治的、さらには倫理的アンガージュマンを支持した。この点に関しては、哲学の側からは、きわめて類似した例としてH・ヨナスを挙げることができる。

　さらに、自然科学者と医学者は常に、どうすれば経験的知識の進歩を単に「学問共同体」に対してのみならず、同時に一般大衆にも知らしめることができるのか、いかにすれば学問の精神と、それが現代の生に対して有する意義とをわかりやすいものにしうるのか、新たに考えなくてはならない。ここで哲学が常に必要とされる。しかし、自然科学者は、精神に関する言明、自然科学の課題を、精神科学者・評論家・政治家に任せてはならない。アメリカでの自然科学についての世論調査によれば、現代、過去のあらゆる自然研究者よりも、フランケンシュタイン博士（M・シェリー）の方が有名だ、とのことである。

自然科学への批判は二十世紀において繰り返しなされてきた。自然科学と精神科学の分化も、事象的な視点から、方法論的な視点から、さまざまに探求されてきた。また、実存哲学は、自然科学と技術とを根本的に問題視した。だが、自然科学の展開と作用が根本的に不確実であるという考えは、つい最近になって広まった。財政の緊縮はなるほどこの不確実さをより鮮明にしたとはいえ、この不確実さの原因ではない。自然科学の危機の根底にあるのは、自然科学がほとんど適用されていない、ということではなく、逆に、自然科学の意義はただその適用の内にのみ存するように思われる、ということである。さらに、現代の反知性的、反科学的流れも加わる。ここでも哲学は重要な課題を担っている。

現代の科学の危機は、それがどんなに根本的なものと判定されようとも、自然研究者自身にとって、自然科学について反省し一般的に言明する機縁とならなくてはならない。科学史、すなわち過去の世紀の自然研究者の思想が、自然科学者に対してこうした反省の機会を与えうるであろう。過去において展開した目標や課題、今までただ概括的に論じられてきたにすぎない確信や議論、これらについて目録を作るならば、自然科学者にとって方向を見定める手段となるであろう（むろん確固としたものではなく、刺激を与える、という意味においてであるが）。歴史への眼差しによって、誤った推論に陥らずにすむようになる。エネルギーの危機と環境破壊は、自然を現在のように非理性的な仕方においてではなく理性的な仕方において人間のために利用すればよい、という幻想を強める。だが、こうした幻想は、単に自然に対する非理性的支配を理性的支配によって置き換えたにすぎず、自然は常に人間に従属したままである。

人々はあまりにも単純なオルターナティヴ〔現在の生のあり方とは別の可能性を求める対案〕を求めたがるが、歴史への眼差しは、さらに、純粋認識と実践的関心がこうした単純化されたオルターナティヴに陥ることを妨げる。こうしたオルターナティヴを克服することは、科学の存続に対して多くを約束するであろう。純粋認識はたしかに実践的帰結を有してきたが、それはあまりにもしばしば、間接的で予期できない方途を通してのことにすぎなかった。かつての研究者は、自然に対して責任を負う、すなわち、社会的責任のほかに自然に対する責任を持つことが必要である、と確信していたが、この確信は、決して古びてはいないように思われる。自然の精神化、精神の自然化、という考えも同様に古びてはいない。

　進歩への情熱、科学への信仰は、今日ではその力と輝きを失った。自然破壊、自然の資源の有限性、生の状況の技術化と匿名化、それらはあらゆるところで現代世界を特徴づけている、かつこうした特徴はイデオロギー的制約や政治体系の差異にかかわらず、いたるところに見出される。オルターナティヴ運動は、自然に対する人間の現在支配的なかかわり方への不快感の現れであり、〔今までの生の〕修正を刺激するが、しかし、〔今までの生に対する〕代わりとなることはできない。環境・人口問題を克服する上では、十九、二十世紀の行ってきた成果を無視してはならない。十九世紀以降の実証的知識の状況にあって、啓蒙主義の衝動をロマン主義および〔ドイツ〕観念論の理念と結合することこそ、理論的にも実践的にも唯一説得力を持ちうる。自然科学は、その社会的、形而上学的次元に関して、補完されなくてはならない。

　この三、四世紀にわたって近代自然科学が存在してきた。近代自然科学がこれからも存立するか否かは、決して直ちに確実なことではない。だが、近代科学が終焉を迎えるならば、あるいは近代科学が非合理主義と経済とに屈服するならば、自然の将来も文化の将来も危険にさらされることになる。それゆえにこそ、自然科学と哲学の、あるいはまた自然科学と公共性との関連が、本質的な主題となる。

ペトラルカが一三三六年四月二十六日にヴァントゥー山において成功しなかったことに、われわれは現在あるいは将来において成功しなくてはならない。すなわち、自然と文化を、自然科学と哲学を、学問と芸術と生を統合する、ということに。

小田部　胤久　訳

ディスカッション

司会（松山）　ありがとうございました。今、ご講演いただきましたが、ただちにシッパーゲス先生のコメントをいただくことになっております。では、お願いします。

シッパーゲス　ここでコメントをする機会に恵まれましたが、私はかつての私の学生であるエンゲルハルト氏から学ぶことができたことを、大変嬉しく思っています。

自然について問うとき、自然とは何ではないのかを探求することは、簡単です。それは自然と技術、自然と神、自然と文化といった対立項を考えればよいからです。しかし、自然とは何かを考えることは、きわめて難しい問題です。そこで私は、まずギリシアの自然哲学にもどって考えたいと思います。

ギリシアでは、「自然」はフュシス（physis）という言葉で語られていました。この言葉は様々な単語と結びついています。家というオイコス（oikos）、宇宙というコスモス（kosmos）、人倫を意味するエトス（ēthos）、法律あるいは掟を意味するノモス（nomos）、そういったものがすべて関連しています。そのような関連の中で、自然がとらえられているわけです。

いうまでもなくギリシアの「自然」は、近代的な機械的自然ではなくて、むしろこの語がフュエイン（phyein）という言葉から生まれたことが示しているように、何かを生み出す力としてとらえられていました。自然というのは物質的自然ではあっても、形相によって支えられており、この形相こそが自然の変化を支え、エンテレケイア（entelecheia）とよばれる現実態、つまり完全なあり方へとすすんでいくのです。ヘラクレイトスによれば、「自然とは発見されるべきもの」と考えられており、発見されたものこそ真理（alētheia）だということです。

このphysisという言葉とlogosという言葉が結びついたPhysiologieという言葉を考えてみます。一般には生理学と訳します。この訳では自然との関係がみえてこないと思いますが、「自然の論理」という意味合いがあるというふうに理解して下さい。Physiologieとして生理学を考えると、これはいうまでもなく自然学を中心とするものです。たとえば人間をとらえるときに、宇宙全体の内部において生きている自然、自然内部の人間というものを意味しているわけです。たとえば病気というものも、このような考え方によるならば、諸エレメントの不均衡がもたらしたものであり、諸エレメントをもう一度均衡させることで、病気が治るという考え方、つまりphysisに促したあり方が求められるべきだ、という考え方が生じると思います。ヒポクラテスの考え方も、またこれに関連していると思われます。

ここで、三人の重要な思想家に触れておきます。

まず一人目は、十二世紀のヒルデガルト・フォン・ビンゲンという神秘思想家です。この人は、自然を活動的な自然としてとらえます。自然というのは、成熟するものだということです。さらに自然とは、この神秘思想家にとっては、神の住居であり、神から人へ、人から神へといく、往還関係のうちに語られています。

二人目は、十六世紀のパラケルススです。彼は自然の創造性にきわめて注目し、自然とは成熟するものである、と考えています。ここで注意すべき点は、この過程は、人間が完成しなければならないということです。すなわち自然が勝手に成熟するのではなく、人間がそこに関与するということです。

三人目は、ゲーテです。ゲーテの自然概念は、ギリシア的なphysisを想起させます。もちろんこれは啓蒙主義的な、機械論的な自然観への反論とみなすことができるでしょう。ゲーテの考え方によるならば、自然というのは、基本的に質料ないし素材がいわば自己を浄化していく過程なのです。かつ、自然とは、自らを示し、人間に対して語りかけているものととらえられなくてはならないのです。しかしながら私たちは、このような新たな自然観をもっているかといえば、いまだに我々の現実から程遠いものでしょう。

再び歴史的に過去の自然哲学にもどるのか、新しい自然哲学をつくりだすのかが課題となっていますが、ヴァイツゼッカーはこの点について、次のような言葉を残しています。

「我々が新しい目をもったときに初めて、新しい自然が立ち現れるのであろう。しかしそこに至るまでは距離が長い」

私もこのような自然があらわれることを期待して、コメントに代えたいと思います。

エンゲルハルト　シッパーゲス先生は、かつての学生である私から学んだ、とおっしゃいましたが、アラビアのことわざにいうように、学生は教師の言葉を繰り返すものです。私が先程語ったことは、実は、私がかつて先生から学んだものにほかなりません。

さて、シッパーゲス先生のコメントには、physis, oikos, nomos といった古代の概念が用いられましたが、それは私も非常に重要な点だと思います。私が問題にしたいのは、自然科学あるいは医学、哲学との関係が、ある時点で、こういった基本概念を失ったということです。これは歴史的にも体系的にも重要な意味をもつでしょう。いつごろからこれらの基本概念が使われなくなったのでしょうか。ヒルデガルトには、自然がかなしみというものを示しているという言葉がみられます。パラケルススに関していうと、自然の経験とは、単なる経験ではなく、自然哲学的な経験です。また彼は、人間が自然に介入して、自然を完成させるべきだ、と述べていますが、これも古代哲学を継承するものです。

こうした古代からの連続性がどのようにして消滅していったのか、考察する必要があるのではないでしょうか。

司会　ここで、お二人の先生方の御紹介を、理事の木村先生からしていただきます。

木村　ちょうど私がお二人共、存じあげているということで、簡単に御紹介させていただきます。

エンゲルハルト先生は、現在リューベック大学の医学史、科学史研究所所長、教授をしておられますが、最初はハイデルベルクでヘンリヒさんという哲学者のもとで、ヘーゲル哲学を学ばれて、それから後、医学の方に転じて、シッパーゲス先生のところで、医学史を学ばれました。だからこのお二人は、師弟関係にあります。

シッパーゲス先生は高名な方で、アラブの医学とか、中世の医学、特に先程から話にでておりますヒルデガルト・フォン・ビンゲンなどについての著作が数多くあって、日本でも翻訳がでております。高名な医学史家であるとともに、精神科医でもありまして、医学史を研究される前に、チューリッヒ大学の精神科の医師として臨床もされていました。

私はハイデルベルクにいたときに、お二方と、いろいろな交流をもたせていただきました。

先程、シッパーゲス先生がエンゲルハルト先生に対して、ときには教師が弟子からものを教わることがあるものだとおっしゃいました。それに対してエンゲルハルト先生は、弟子が教師に何かを教えるときは、大体は教師から聞いたことを言っているだけだというやりとりがありましたが、お二方が師弟関係にあることを知らない方には、ちょっとわかりにくかったかもしれませんのでつけ加えさせていただきます。

司会　ここで、次のディスカッションの誘い水というふうな意味で、本日のエンゲルハルト先生の御講演をごく簡単に要約してみます。

本日のエンゲルハルト先生の講演のなかでのペトラルカの登山、これは有名な話で、ここにすでに近代における分裂、自然科学と精神科学、あるいは自然科学と哲学の分裂がすでに始まっていたわけですが、これが実際にめだって強くなるのは、十九世紀であって、今世紀までそれは続いており、今日ますますはなはだしくなっております。これが全体の論旨かと思います。

ただこれまでのこのような分裂の歩みのなかにも、両者を結合するという試みもありました。たとえばシッパーゲス先生のお話にもあった、パラケルススもそうでしょうし、とりわけドイツの自然哲学が、大きな結合の試みであったわけです。

二十世紀には学問の分裂、諸科学の対立、専門化はどんどん進んでおり、それほど大きな力にはならなかったけれども、両者の結合の試みは、今世紀においても、なされております。そして分裂した科学と哲学を結合することが、今日の我々の課題であるということを強調されているわけです。

ここで議論の誘い水として、私のコメントを申し上げますと、今日、自然科学的な知識は抽象度が高くなり、多面的になっていて、専門家以外の人々が自然科学を理解しようとしても、なかなか難しい状況になってきております。そういうなかで、自然科学と精神科学もしくは哲学を結合するというあり方が、今日可能かどうかということは大きな問題であろうし、その困難さは、ますます浮き彫りにされているのではないかと思われます。

以上を一応、司会者としての要約とコメントとさせていただき、それでは、今から理事のお三方のコメントをいただきたいと思います。

木村　先程エンゲルハルト先生から、自然科学と哲学の関係について、特に現代における自然と人間の関係の危機的な様相について、科学史的な観点から周到な分析が試みられました。自然の問題を検討するに際して、歴史的な視点に立つ必要性が強調されました。

またシッパーゲス先生から、Naturの概念、ギリシャ語のphysisをめぐる歴史的なお話がありました。そして最後に、新しい自然哲学の夢が語られました。

お二方は、医学史、科学史を研究されてきておりますので、どちらかというと、歴史的な観点からのお話がございました。

私も自然の概念をめぐって、文化比較的なことを少し考えてみたいと思います。

Naturというのは、日本語で「自然」と訳されておりますが、これは明治時代にできた訳語で、それまでは、日本人は、今我々がNatur、すなわち自然という名詞で語っているものを、統一的に理解する単一の概念をもっていませんでした。このことは大変重要で、日本人がNaturというものを客観視していなかったことを物語っているのだろうと思います。

Natur、英語ではnatureになるのでしょうか、その訳語で採用された「自然《しぜん》」という言葉は、もちろんそういう漢字で書かれた言葉は昔からあったのですが、明治以前の日本では、これは名詞ではなくて、むしろ形容詞とか副詞として使われていました。特に仏教では、多くの場合「ジネン」という発音がされて、ものごとがおのずからそうなるさまとでもいうか、そういうことを表していました。

これは後で芦津先生から親鸞の「自然法爾《ジネンホウニ》」のお話があると思いますが、そこに一番よく表れていると思います。「自然《ジネン》」の「自」という漢字は、時間的にも空間的にも、なにかがそこから出発するとか、発生する意味であって、それがその場に立ち会っている人間自身のこととして述べられるときは、人間の体、身《み》の方に引き寄せられて、「自ら」という意味をもってきました。だから「おのずから」と「みずから」は、意味が場合によっては正反対になるにもかかわらず、今でも同じ漢字で書くわけです。

「ジネン」というのは、Naturが元来もっている自己発生的、自己生成的な動きに触れて、そこで感じとった印象のようなものを言語化したものではないだろうか。その同じ印象を自分自身のこととして言語化した場合に、「自己」という言葉が選ばれたのではないだろうかと思います。

だから「ジネン」と「自己」は、我々がNaturと接触したとき、あるいは出会ったとき、その接触とか出会いを、いわば主観的、主体的に経験する二つの仕方、それも決して別々ではなくて、相補的な二つの仕方ではないだろうか。だから「ジネン」と「自己」は、カール・フリードリヒ・フォン・ヴァイツゼッカーのおじさんにあたる方で、ヴィクトーア・フォン・ヴァイツゼッカーという精神科医が言っている意味で、相互代理性（gegenseitige Stellvertretung）相互隠蔽性（gegenseitige Verborgenheit）すなわち片方が出れば、片方が隠れるという関係にあります。「ジネン」の側に目がいけば、自己の側が隠れるし、「自己」の側をみれば「ジネン」の側が隠れるということがあるのではないかと思います。

ヴィクトーア・フォン・ヴァイツゼッカーは、まったく独自の主体というか、主観というか、Subjekt の概念をもっていて、これは人間に限らず、人間のような心や意識をもっていない生きものでも、それがみずからの環境世界と出会う原理として生物学に導入したわけです。個体の内部にではなくて、個体と世界との接触面に成立するのが Subjekt だということになるわけです。

もし日本語の「自己」とか「ジネン」が、Natur と人間との間に成立する自発性のようなものの印象であるとするならば、これはどうもヴァイツゼッカーの言っている主体、主観の成立の場における二つのあり方だということになるのではないかと思います。ヴァイツゼッカー自身、主体とか主観が成立するときにはその場で自我が形成されると同時に、Esが形成される。Ich-Bildung（自我形成）とEs-Bildung（エス形成）は同じことの両面だと言っています。このエスというのは簡単に言えば自然のことと言ってよろしいので、これはどうも「自己」と「ジネン」の相補的な生成に近いことをいっているのではないでしょうか。

「世界が自覚するとき、我々の自己が自覚する、我々の自己が自覚するとき、世界が自覚する。」これは西田幾多郎の有名な言葉ですが、これも同じことを言っていると思われます。世界が自覚するというときの、自覚者、主体にあたる者は、どうも非人称のEsというものではないだろうかと、私は考えています。それを東洋人は「自」という言葉で表記して、それがおのずからあらわれるさまを「ジネン」と言い、西洋人はふつうNatur、今の言葉で「シゼン（自然）」と言っている。特に自然科学における「シゼン」というのは、この「ジネン」を客観化、対象化したものだというふうに言えるだろうと思います。

しかし量子力学なんかで、自然そのものが人間の観察、観測に依存することが明らかになっている現在、Natur の真のあり方は、人間との関係の関数としてとらえなければいけないのではないだろうかと思います。Natur の理解に際して、日本語の「シゼン」とか「ジネン」という言葉の果たす役割は意外に大きなものではないだろうか。というのが、私の意見でございます。

司会　どうもありがとうございました。ひき続きまして、芦津先生お願いします。特に「ジネン」について詳しくお話ししていただければ。

芦津　エンゲルハルト教授のお話は、非常に内容ゆたかで、示唆にとむものでありました。教授は科学と哲学、自然科学と精神科学とをヨーロッパ文化の発展に見られる運命として理解し、両者の分離ないしは統合のあり方を歴史的に考察されましたが、特に印象的であった事柄を二、三話させて頂きます。

まずヘーゲルがゲーテの自然考察への評価としてあげられたsinnige Naturbetrachtungという言葉は、きわめて興味ぶかいものでした。Sinnは「感覚」を意味し、また「心」をも意味します。sinnigは一般には思慮ぶかい、慎重な、器用な等々を意味しますが、ヘーゲルは同時にsinnlich（感覚的）の意味も含めていたように思われるのです。だとすれば、生きた感覚にもとづき、しかも全体への配慮を忘れることのなかったゲーテの立場をみごとに捉えた言葉だと言えましょう。しかしゲーテを称賛するように見えながら、他方、器用さや、巧妙さという意味でゲーテ批判の言葉であったのかもしれない。いずれにしても恐ろしく含みの多い、鋭い言葉だなと思ったのです。

それにしても一八〇〇年を頂点とするドイツ観念論の時代、いわゆるゲーテ時代とは、さまざまな矛盾、対立をはらみながらも全体として美しい調和、科学と哲学との融合を保っていた実に偉大な時代であったことを痛感いたしました。

最後に現代に見られる科学と哲学との分離、科学自体の多面化と専門化という危機的状況についての御指摘があり、この危機を克服するために必要な課題として歴史へのまなざしと、自然に対する責任があげられたのも印象的でありました。しかし、ここからは私自身の意見になりますが、「自然に対する責任」とは公害問題や環境汚染を論じることだけではないでしょう。Naturもしくは自然という言葉の意味について認識を深めることが、これにもまして重要であろうと思うのです。西欧人がNatur, natureと呼んだもの、東洋人が自然（じねん、しぜん）と呼んだもの、両者の差異にふれつつ、できるなら両者に共通する根源にまで溯ることが不可欠であろうと考えるわけです。たとえば西田幾多郎はゲーテの詩に歌われた自然を「形なくして形あるものを形成する無限の空間」という表現で捉えています。現にゲーテ自身、友人のシェリングの自然論『世界霊について』に感銘を受けて作った思想詩「世界霊」（Weltseele）のなかで植物の生成を次のように歌っているのです。

Das Wasser will, das unfruchtbare, grünen...（産む力なき水が緑づく）

発芽し、茎、枝葉となり花を開く植物の生成を形態を通してでなく、その背後にある水の働きを通して描写していることに注目したいと思います。水自体は無色無形であり、一見「不毛」と映じます。にもかかわらず、この無形のエレメントが働いて形あるものを形成しているのです。ゲーテは風や水のような流れるエレメント、それのみか音楽のうちにすら生きた自然を感じていました。堅固な建築のうちにも「沈黙した音楽」を聴きとったのです。ゲーテの自然研究においても、その関心は時とともに岩石や動物の骨格のような形あるものから光や雲のような無形のものへと移行しています。

同じような自然観が東洋の思想にも認められましょう。古い浄土経典のひとつ「大無量寿経」（漢訳）には、極楽浄土を描写した言葉として「自然《じねん》・虚無《こむ》之身《ししん》」とあります。東洋的・仏教的な「自然」の本質とは「無」であったとすら言えましょう。

最晩年の親鸞が残した有名な「自然法爾章」を繙いてみると、親鸞はまず自然を「おのずからしからしむ」と読み、法爾を「如来の誓いなるがゆえにしからしむ」と解しています。自然法爾とは、阿弥陀仏にすべてをゆだね、自己のはからいを入れないことだとされる。だが、ここでの「自然」は人間の主体的なあり方を示すだけではなく、阿弥陀仏自体の本質を明かすものともなっているのです。阿弥陀の誓い、すなわち願いとは衆生を無上仏にすること、真如とも一如とも呼ばれる絶対境に救いとることであった。ところでこの絶対境は色も形もなく、認識を超える世界である。だからこそ無上仏は「阿弥陀」と名のり、阿弥陀仏の姿をとって「如」の世界から我々のもとにやって来たと説かれるわけです。

ついで「自然法爾章」には、「無上仏と申すは形もなくまします、形もましまさぬゆえに自然とは申すなり」とあります。無上仏、つまり絶対の世界には形がないから「自然」と呼ばれる。この「形もましまさぬようを知らせんとて」現われ出たのが阿弥陀である、と言うのです。阿弥陀は浄土の「自然」の有様を知らせるために形のない「自然」のなかより立ち現れたが、阿弥陀自体は、すでに一人格として姿をとっている以上、もはや自然ではありません。しかし信じて阿弥陀仏に一切をゆだねる者は、自己のはからいを無にして「おのずからしからしむる」、すなわち形を超えるという意味で、「自然」に帰することができる。こういうことになりましょう。

最後に親鸞は「弥陀仏は自然のようを知らせん料なり」とすら言っている。「料」とは方便を意味するもので、極端にいうならば、弥陀仏は「自然」を分からせるための方便にすぎないことになります。これは、阿弥陀への絶対帰依より出発した親鸞にとっては、恐ろしく大胆な発言であったと言えましょう。

いわば「形なき自然」、こうした考え方は、二十世紀のヨーロッパの科学思考にも認められるのではないでしょうか。たとえば私はニールス・ボーアの「相補性」(Komplementarität) 理論のうちにそれを感じます。物質の最小単位である粒子は同時に波動でもある。粒子は限られた一定の場に存在し、測定可能であるが、同時にそれが働くすべての空間に遍在するという考え方です。ここでも私は、西田幾多郎がゲーテの自然について語った「形なくして形あるものを形成する無限の空間」という言葉を思い起こさざるを得ません。

この種の新しい考え方は、最近のカオス理論とかファジー理論とかにも見られるのではないでしょうか。自然を実体的に捉え、ひたすら定量比と分析につとめたニュートン以来の近代自然科学には、形 (Gestalt) への執着が強すぎたとも言えましょう。そこに、ヨーロッパにおける哲学と科学との分離という悲劇の一因があったようにも思われます。親鸞の「自然法爾」の思想には中国の老荘哲学の影響があったと言われていますが、今後、西洋の自然学と、「形なき自然」を重んじる東洋思想との間に、もっと掘りさげた、実りある対話がなされることを期待したいものです。

司会　どうもありがとうございました。それでは大橋先生、お願いします。

大橋　哲学という営みを、夕方になって飛びはじめるふくろうにたとえた哲学者がいましたが、時間がだいぶたって夕方になってしまいました。エンゲルハルト先生のお話に単にコメントするというよりは、少し敷衍して、ある問題を提起してみたいと思います。木村先生と芦津先生のコメントにも偶然ながらつながっております。また先程、松山先生の言われた誘い水のつもりでもあります。すなわち自然科学と哲学を統合するときの、その立場というのは、あるいはその場所は、何かという問題です。この統合あるいは結合を可能にする立場、場所、それは哲学なのか、自然科学なのか、あるいはどちらでもない第三のものなのか。

エンゲルハルト先生は、十九世紀以降に実証主義的知識が主流となった状況にあって、啓蒙主義の衝動をロマン主義およびドイツ観念論の理念と結合することが大事だとおっしゃるわけですが、これを結合する立場、あるいは場所というのは、おそらく啓蒙主義でもロマン主義でもなく、ドイツ観念論でもないと思います。それでは、どういうものなのか。

実証主義を本質とする自然科学が、形而上学を母体とする哲学から、遅かれ早かれ分離して独立していく。これには必然的な理由があったと思います。しかしその分離と専門化が危機と結びついていた。そうであれば両者を根本的に統合する場は、従来の意味での哲学ではありえないと思います。もちろんさしあたって、科学哲学、科学史、科学論、あるいは科学者の倫理的なアンガージュマンを導くような倫理学、こういった領域があります。これらは学際領域としてあるわけですが、しかし、それが科学と哲学との分裂あるいは分離を根本的に克服するような場所あるいは立場であるとは、ただちにはいえないと思います。もっと根本的な意味での哲学の変貌といったものが要請されていると思います。

これをどこに求めるかということですが、一つの問題提起ですが、そういう場所、あるいは立場を「自然」そのもののより深い意味に求めることができないだろうかと思います。自然あるいは自然そのものの深い意味、これを仮に「ジネン」と表現することができるかと思います。

エンゲルハルト先生は「歴史への眼差し」を非常に強調されております。その歴史への眼差しから浮かんでくる一つの表現を「自然の精神化、精神の自然化」というふうに言われました。ドイツ観念論やロマン派の思想がそのまま今日でも十分とはいえないように、「自然の精神化、精神の自然化」という考えも、そのままではなお不足するような気がします。ただし、この考えに、ヒントがなしとはいえない。そこで、それをもっとラディカルに表現すればどうか。もっと現代にまで届くような仕方で表現することができるかどうか。すなわち、自然の精神化ではなくて、自然としての精神、あるいは精神としての自然、あるいは、自然の奥にある自然、精神の根本にある精神、言うなれば、自然と精神が分かれる以前の自性、自らの本性、といった表現をとることができるかどうか。そういう問題を提起してみたい。木村先生や芦津先生が説明された「自然法爾」という言葉もその連関で、哲学と自然科学とを結ぶ場所を示す言葉として、浮上すると思います。

他の表現もあるかもしれませんが、話の筋道上、「自然法爾」をとりあげてみたいと思います。ドイツ観念論やロマン派より親鸞は時代的に古いわけですから、この表現もまたそのまま、今日の自然科学と哲学を統合する立場になると、ストレートにいえるわけではありません。これはまず第一に、宗教的な立場をあらわす言葉です。しかしそれならば、「自然法爾」で言わんとしているところに解釈学的なDestruktionを加えたらどうか。「自然法爾」で言わんとしている内実を、いったん親鸞のコンテキストからとりだして、「解体」してみたらどうか。

自然といふは　自はおのずからといふ、
行者のはからひにあらず、

然といふはしからしむといふことばなり。
しからしむといふは　行者のはからいにあらず。
法爾といふは　この如来の御ちかひなるがゆえに
しからしむるを法爾といふなり。

これを簡単につづめて表現すると、「自然法爾」という語となる。あるいは「おのずからしからしむ」と言い換えることができると思います。ドイツ語でいうならば、人間世界の本質、自然世界の本質、自然的にあるものをそのまま受け入れ、einlassen するあり方へ、あるいは主観とか自我とかを捨てて事柄の中に自分を放ち入れる「放下」(eingelassen sein)、あるいはそういう仕方でおのずからあらしめる、von sich sein lassen、もう少していねいに言えば、von sich so sein lassen wie es ist、というあり方です。そういう言葉の連関で考えると、おのずからしからしむというのは、lassen という言葉で様々に表される総体としてGelassenheitという、ハイデガーも語った言葉と非常に近くなってくると思います。もちろんハイデガーと親鸞とを簡単には等置できません。いくつかの保留はあります。ただこの「自然法爾」ということをGelassenheitという方向でとらえてよいということであれば、次に私の申し上げたいことを、とりあえず論証ぬきに、三つのテーゼの形で要約できるように思います。

第一には自然科学は検証とか客観化を基本としておりますけれども、その検証、客観化の作業の根底にも「おのずからしからしむ」ということがなければならないと思うわけです。これは論証ぬきにして申します。

第二に、哲学というのは、伝統的には、意志を根本としているとよくいわれますが、その意志の根底に、意志を脱却した「おのずからしからしむ」というような、いわば没意志性というか、無我性というものをやはりみることができる。あるいはそういうものを根底にしているがゆえに、意志ということも成り立つというふうに考えるわけです。そうしますと三番目のテーゼとして、そういう根源的な「おのずからしからしむ」という、意志の根底の没意志性といったところに哲学がもどるとすれば、それは意志とか意識とかを本質としてきた、伝統的な哲学からすれば、あるコペルニクス的転回を意味するだろうと思います。

現代の現象学や分析哲学、ハイデガーとか西田哲学の中に、それぞれの仕方ないし程度に応じてこのコペルニクス的転回の動向をよみとることができると思います。とりわけ現代の哲学は、従来の伝統的な哲学からの様々な転回をぐって、従来の哲学の破壊を試みてきました。そのなかに今いった方向への転回を読みとることができるわけです。またこの方向をさらに展開できるのではないかと思います。

結論を簡単に言うと、自然の深い意味としての自然法爾という表現に対して、あるDestruktionを加えるならば、ここに自然科学と哲学とのそれぞれの根底をなすような場、あるいは立場が浮かんでくるのではないか、ということです。そういう場ないし立場では、自然科学と哲学とは「統合」されるのではなくて、むしろそれぞれが独立でありながら、しかも分裂ではなくて、それぞれに相互形成をするということになるのではないかと予想します。

こういった問題提起が、エンゲルハルト先生のお話の延長上にありうるのではないかと思います。

司会　ありがとうございました。それではエンゲルハルト先生に、今のコメントを受けてお話ししていただきます。

エンゲルハルト　非常に豊かなコメントをいただいたので、それについてお答えすることは容易なことではありませんが、まず受けた印象を述べさせていただきます。

まずは木村先生から、文化を超えた、時を超えたような対応関係、補完関係を指摘していただいたことに感謝したいと思います。

ヨーロッパの自然科学においては、ある時点で転換点がありました。今日、哲学と自然科学が問題視されなければならないのは、私たちがこの転換点以後に生きているからなのです。これは、私の話の前提となります。

それでは、ここから本質的な話に入りたいと思います。私の話の本質的な点は、すでに明らかになっていると思いますので、各先生方のコメントをお聞きして、私が述べたいことをつけ加えますと、まず第一に、今日は自然にのみ話をしぼっており、自然に対する美的な問題や、実践的な問題については余り触れませんでしたが、芦津先生のお話の中で、ゲーテの美しい詩の引用がありました。ゲーテと、中世におけるヒルデガルト・フォン・ビンゲンとの関係や、シェリングの考え方、すなわち自然のうちには常に精神をめざす方向がある、という考えも関連するように思います。

第二に、「自然法爾」という親鸞の概念を、今回の三人の先生方から、おっしゃっていただき、大変参考になりました。特に大橋先生は、それをハイデガーのGelassenheitという概念と結びつけられ、人間のGelassenheit（放下）ではなくて、自然もまたGelassenheitである、とおっしゃいましたが、これに大変感銘を受けました。考えてみると、ヨーロッパの哲学のうちにも、それに対応するものがあるのではないかと思います。

ヘーゲルの場合を考えてみると、精神の側には、精神が主観的な精神を通して絶対精神へと、自己を明らかなものにしていくという過程があり、また他方、自然の方には、自己を疎外しながら自分へもどっていくという過程があります。とすると、精神と自然それぞれの運動の内に対応するものを求めることができるのではないでしょうか。

またシェリング、これは特に同一哲学とよばれる時代のシェリングに注目したいと思いますが、やはりここでは、自我と自然が、二つのGelassenheitをなしている、と考えることができると思います。

その点においては、東洋と西洋の間の対話が可能ではないかと思います。

私は先程、ヨーロッパの哲学に転換点がある、と申しましたが、それは、フランシス・ベイコンとデカルトがもたらしたものです。両者では心身が分離されたものであり、gelassenというものではとらえられません。つまり自然は、支配される対象となったわけです。

私は決して近代の立場をただ否定すればよいと考えているわけではありません。中世においても、ギリシアにおいても、physisという概念は、なかなか示唆に富むものですが、そこにもどるのではなくて、むしろ、こういう概念を、現在の具体的な自然科学と結合し、対話させることが重要だと思います。

その点、医学はいい状況にあります。というのは、医学は心身をともに扱う学問であり、人間と常に関係しているからです。私は実証主義を否定するのではなく、実証主義、啓蒙主義、ロマン主義を結合させる試みを重視したいと思います。

司会　さらに議論を深めたいところですが、時間がありませんので、シッパーゲス先生にお話ししていただきたいと思います。

シッパーゲス　まずは、自然という概念が日本では新しいものだ、という木村先生のご指摘に関心をもちました。人と自然との関係、あるいは人と人の間における自然の問題を考えるとすれば、木村先生のいう「間」の問題とつながってくるのではないでしょうか。

芦津先生は、形のない自然ということに注目されました。私としては、形のない自然と形のある自然という二面性に注目したいと思います。おそらくは、スピノザのいう能産的な自然と所産的な自然という概念が、この問題を解くカギになるのではないかと思います。

大橋先生のコメントにただちに答えることは、大変困難です。今言った、Gelassenheitというのは、ふつうの意味でのドイツ語でいうGelassenheitとは違います。ドイツ語でgelassenというときは、静かに落ちついてという意味ですが、そういう意味で使ったのではないですね。それではGelassenheitというのは、どういうことかというと、別のドイツ語で、eingelassen werden、それを自分にはなち入れて、という意味でしょう。そうであれば理解できます。

司会　まだまだ議論を深めたいと思いますが、フロアの方から質問をちょうだいしたいと思います。

その前に、休憩中に質問を一つ提出していただいております。この質問は、エンゲルハルト先生の今日の講演の、いわば具体的な提言に関連したものです。それは、啓蒙主義の衝動とロマン主義を結合するというテーゼであったわけですが、ちょうだいしました御質問はこれをもう少し具体的に詳しく聞きたいというものです。これは大橋先生の御質問に含まれておりまして、エンゲルハルト先生にすでに答えていただいたということにしまして、加藤先生お願いします。

加藤　私の専門は、三つあります。生命倫理学と、環境倫理学とヘーゲル哲学ですが、それを結合するのは大変で、どういう展望をみつけたらいいのかと、悩んでいるということです。

ここで私が考えている問題を申し上げますと、まず自然そのものが自然を破壊しているということです。つまり破壊するのも自然だし、破壊されているのも自然だし、両方とも自然だと、そういう側面をもっています。もっとも内在的な自然の限界を破壊することができる、自然のもっている自己調和的な要素すらも、人間は変更することができる、これが技術の新しい段階ではないかと思います。

破壊される自然というのは、自然の歴史の中で、二十世紀の重大な発見だと思います。十九世紀ですと、自然というのは、永久に同じものが反復していく、年々再々花あいにたりというように、自然は永遠であって、それに対して、精神的なものこそが発展する、そういう見方があったわけですが、二十世紀には、それが全く違った意味をもつようになりました。今一番大事なことは、自然そのものをよく知ることによって、解決をみいだすということで、自然と人間との交渉を考える前に、自然そのものが何かを考えるべきではないかと思います。

エンゲルハルト　加藤先生のおっしゃるとおりに、自然が自分を破壊したり、人間が自然を破壊するという事態は否定できません。

しかし、ここで私が注目したいのは、自然の変化には、いくつかの類型がある、ということです。私は二つの類型に分けてみたいと思います。一つ目のタイプとは、否定的な帰結をもたらすような破壊的変化です。それに対し、二つ目のタイプとは、変化せざるをえないという点では必然的だが、それをとおして自然がよりよいものになるような変化です。すなわち否定的な破壊というタイプと、それをとおして、自然を、人間の環境をよくするという二つのタイプがあるように思います。

その際には、私たちが自然に対して「文化的」に関わっていることに注目したいと思います。単なる自然ではなく、自然と文化、人間の営みとの共同関係というようなものがみてとれるのではないでしょうか。

文化が自然に対して責任をもつべきだという考え方から、すべては自然の成り行きだからなるがままにしておくほかはない、というペシミスティックな考え方まで、様々な力点のおき方があるかと思いますが、私としては、先程述べました二番目の類型を重視します。つまり私たちは自然をよりよいものとするために介入していくことを、断念してはならないと思います。

司会 時間がきましたので、最後に一言どうぞ。

エンゲルハルト 最後にお礼を申し上げたいと思います。特に、岡本先生、北川先生には、私が日本に来て、このような講演をもつことを可能にしていただきました。感謝にたえません。また、多くのコメントをいただいた先生方にお礼を申し上げます。余りにも多くの刺激を受けました。様々の問題提起にすぐに答えることはできませんでしたが、今後、答えることができるように努力したいと思います。

司会 これで、本日の公開シンポジウムを終わりたいと思います。ありがとうございました。

あとがき

本書は、財団法人日独文化研究所が一九九二年から一九九五年まで開催してきた公開シンポジウムの成果の刊行である。この公開シンポジウムの歴史について少し述べておくなら、これは日独文化研究所のいわば目玉となる新しい事業として一九九一年に始められた。多くの読者が同感されるであろうが、九〇年代に入って日独両国は、戦後世界の構図が大きく変化しゆくなかにあって、ともにそれぞれ新しい政治的・経済的な役割を要求されるようになった。国連の常任理事国入りが検討されるようになり、またドイツは旧東ヨーロッパ圏での、日本は東南アジアでの、それぞれの新しい関係構築が必要となってきた。しかし他方で、日独はともに国内においても新しい困難を抱えはじめていた。ドイツでは国家統合が実現したものの、旧東ドイツ地域の復興は遅々として進まず、むしろその負担で経済情勢は悪化し、加えて、これまで東西に分かれていた住民の融和も容易ではないことが判明していた。日本ではバブル経済がはじけて日本的経営の神話が崩れ、朝鮮半島での南北の緊張関係が、ドイツ統合に伴った諸困難との二重映しで論議されたりした。これまで両国が担ってきた世界経済の牽引車という役割は、当然ながら減少せざるを得なくなっていた。

このような新しい情勢のなかでは、政治や経済の方向づけをするような文化的な自覚がことさらに求められるであろう。日独文化研究所では、このような時期に新しい文化事業の構想を練ったのである。そして生まれたのがこの公開シンポジウムであった。基本構想としては、まず哲学を軸としつつ文学・宗教・芸術・精神医学・自然科学などの分野にわたる学際シンポジウムとすること、第二には、日独の第一線の学者が専門分野を越えて市民と語り合うディスカッションの場とすることである。第一回のシンポジウムは「西洋と東洋を越えて――西田哲学とハイデッガーの思惟より」と題して、上田閑照氏（京都大学名誉教授）とハルトムート・ブフナー氏（当時バイエルン学術アカデミー研究員、日本版ハイデッガー全集共編者）が、それぞれ西田哲学とハイデッガー哲学をめぐって話をされた。このシンポジウムは第一回から市民・学生層の関心を集め、その評価は以後定着し、会場は例年満員の盛況で、当日の申込者にはお断りしなければならないような状態が続いている。

第二回から第五回までの公開シンポジウムは「自然」という連続テーマのもとでなされた。本書は、四年にわたるこの連続テーマでのシンポジウムの発表稿なのである。それぞれの年のテーマ（第二回「親鸞・ゲーテ・シェリング――東洋と西洋の自然観をめぐって」一九九二年、第三回「自然さと不自然さ――精神病理学の視点から」一九九三年、第四回「芸術に映る東西の自然観」一九九四年、第五回「自然科学と自然哲学とのあいだ――現在のパースペクティブから」一九九五年）が本書の四部構成となっており、発表者の順もそのままで掲載されている。会場の聴衆を交えたディスカッションもほぼ収録されているから、読者には講演原稿のみならず会場の雰囲気も少し感じ取ってもらえるであろう。

「自然」という連続テーマはひとまずこの四年で完結とし、第二ラウンドとして「生命」という連続テーマが今年（一九九六年）から始まる。その交代期に本書が上梓されるに至ったことは、編者の喜びとするところである。なお、編者三人は日独文化研究所（理事長・所長 岡本道雄）の理事でもあり、この公開シンポジウムの組織委員でもあることを最後に付記しておきたい。読者から今後も批判やアドヴァイスをいただき、このシンポジウムを育ててゆきたいと思っている。

編者一同

一九九六年九月

著者・訳者一覧（掲載順）

大峯　顯　*Omine Akira*　（大阪大学名誉教授）

加藤　尚武　*Kato Hisatake*　（鳥取環境大学学長・京都大学名誉教授）

ブランケンブルク　*Brankenburg, Wolfgang*　（元マールブルク大学教授）

高階　秀爾　*Takashina Shuji*　（大原美術館館長・東京大学名誉教授）

ペゲラー　*Pöggeler, Otto*　（ボーフム大学教授）

小田部胤久　*Otabe Tanehisa*　（東京大学大学院助教授）

エンゲルハルト　*Engelhardt, Dietrich von*　（リューベック医科大学医学史・科学史研究所所長）

その他、質疑応答等で御協力いただいた諸氏（50音順）

伊坂　青司　*Isaka Seishi*

上田　閑照　*Ueda Shizuteru*

シッパーゲス　*Schipperges, Heinrich*

高橋　義人　*Takahashi Yoshito*

巽　友正　*Tatsumi Tomomasa*

辻村　公一　*Tsujimura Koichi*

西川　富雄　*Nishikawa Tomio*

松丸　壽雄　*Matsumaru Hisao*

松山　壽一　*Matsuyama Juichi*

ヴァイツゼッカー　*Weizsäcker, Carl Friedrich von*

編者略歴

†芦津丈夫 *Ashizu Takeo*

1930年生まれ。京都大学名誉教授。2001年死去。著訳書に『ゲーテの自然体験』（リブロポート、1988年）、『ゲーテ全集13』（潮出版、1980年）ほか。

木村　敏 *Kimura Bin*

1931年生まれ。京都大学医学部教授を経て、現在河合文化教育研究所主任研究員。京都大学名誉教授。著訳書に『木村敏著作集全８巻』（弘文堂、2001年）、ヴァイツゼッカー『生命と主体』（人文書院、1995年）ほか。

大橋良介 *Ohashi Ryosuke*

1944年生まれ。京都工芸繊維大学教授を経て、現在大阪大学大学院教授。著書に『〈切れ〉の構造』（中央公論社、1986年）、『西田哲学の世界』（筑摩書房、1995年）ほか。

ISBN4-409-04084-7 C1010

新装版
文化《ぶんか》における〈自然《しぜん》〉
哲学と科学のあいだ

一九九六年一一月一五日　初　版第一刷発行（人文書院版）
二〇〇六年一一月三〇日　新装版第一刷発行

編　者　†芦津丈夫　木村　敏　大橋良介

発　行　財団法人　日独文化研究所
〒六〇六-八三〇五
京都市左京区吉田河原町一九-三

編集・制作・発売　人文書院
〒六一二-八四四七
京都市伏見区竹田西内畑町九
電話〇七五・六〇三・一三四四
振替〇一〇〇〇-八-一一〇三

印刷　創栄図書印刷株式会社
製本　坂井製本所

http://www.jimbunshoin.co.jp/